婚姻关系的七道考题

华川子黎 著

SPM 南方传媒 | 广东经济出版社
·广州·

图书在版编目（CIP）数据

婚姻关系的七道考题 / 华川，子黎著. —广州：广东经济出版社，2022.5

ISBN 978-7-5454-8315-4

Ⅰ. ①婚… Ⅱ. ①华… ②子… Ⅲ. ①婚姻—通俗读物 Ⅳ. ①C913.13-49

中国版本图书馆CIP数据核字（2022）第051896号

责任编辑：赵 娜 陈 晔 区凌志
责任技编：陆俊帆
封面设计：朱晓艳

婚姻关系的七道考题
HUNYIN GUANXI DE QIDAO KAOTI

出版人	李 鹏
出 版 发 行	广东经济出版社（广州市环市东路水荫路11号11～12楼）
经 销	全国新华书店
印 刷	珠海市国彩印刷有限公司 （珠海市金湾区红旗镇永安一路国彩工业园）
开 本	880毫米×1230毫米 1/32
印 张	8.5
字 数	188千字
版 次	2022年5月第1版
印 次	2022年5月第1次
书 号	ISBN 978-7-5454-8315-4
定 价	45.00元

图书营销中心地址：广州市环市东路水荫路11号11楼
电话：（020）87393830 邮政编码：510075
如发现印装质量问题，影响阅读，请与本社联系
广东经济出版社常年法律顾问：胡志海律师

前言

Preface

从2005年开始，我以家长讲师的身份涉足家庭教育咨询工作。与一般的家长课不同，我们对报名参训的家庭采用了一对一的深入辅导模式。我们最初的宗旨是帮家长们解决亲子教育问题，随着对每个家庭的深入了解，很多亲子教育以外的问题也被挖掘了出来。其中，最核心的就是夫妻关系的问题和婚姻家庭的问题。我们做过统计，在参加我们家庭课堂学习的家庭中，有40%～50%存在较为严重的夫妻关系问题，有约10%已经处在婚姻破裂的边缘。

从国家层面的大数据来看，现在的离婚率日趋攀升，不少地区的离婚率已经达到了50%。这是一个比较可怕的概率，就跟抛硬币一样，“赢”的希望只有一半。

婚姻关系不稳定，对家庭和个人的影响都是深远的。

在我们的家庭课堂上，那些夫妻关系不好的家庭，孩子的教育问题尤为突出，夫妻双方的身心健康、事业也会受到严重的负面影响。

在很多参训家长的推动下，我和团队的几位心理咨询师一起研发了一套夫妻关系实训课程。除了授课，我们还采用长期坚持的一对一深入跟踪辅导的模式。

几年下来，通过在夫妻关系实训营里对很多婚姻问题进行实操性指导，我们积累了很多有关解决婚姻问题的经验和感悟。因此，我和夫妻关系实训营的指导老师子黎决定一起创作一本以婚姻为主题的专著，作为我们夫妻关系实训营的配套读物，也供有相关需求的读者朋友们阅读和参考。

在决定动笔写这本书之前，我刚参加了一场隆重的婚礼。嫁娶双方都是独生子女，亲友们都非常重视这场婚礼，嫁娶流程相当烦琐。在新娘的闺房外，新郎接受了严格的“考试”，“考试通过”才被允许进门。而在最关键的迎亲时刻，忽然下起了大雨。经过重重考验，这对新人终于手挽着手，欢欣愉快地走进了婚姻的殿堂，就像两个刚考进大学的孩子一样，对未来充满期待。

婚姻，就是一个考场

相比于婚礼现场的“考试”，更多的考验出现在进入婚姻之后；除了婚礼当天突降的大雨，未来的婚姻生活还有更多的

"风风雨雨"。

性格的磨合、习惯的适应、婚姻忠实、生儿育女、家务琐事、婆媳关系等，所有附着在婚姻上的相关问题，都是不简单的考题。

婚姻，也是一所学校

在这所学校里，夫妻双方既是同学，会互相学习和竞争，又互为师长，彼此教育和影响。

面对婚姻里一道又一道的考题，有些"学生"可能会因无心学习或题目太难而放弃答题；也有一些"学生"通过勤学苦练，逐一攻克婚姻里的考题，从而提交一份满意的婚姻答卷。

那么究竟有没有一本教材，可供婚姻中的人们系统地学习，教大家如何去解答婚姻中的诸多考题呢？

请大家跟随我们阅读本书，或许能从中找到答案。

华　川

2022年1月

目录

Contents

Question 4 考题四 婚姻忠实

Question 5 考题五 家庭财务

Question 6 考题六 生儿育女

Question 7 考题七 家务琐事

评估婚姻

案例解答

考题一

伴侣选择

很多人在婚姻中遇到困难，第一反应就是自我怀疑："我是否嫁（娶）错人了？"

能否选择一个"对"的伴侣结婚，这是婚姻关系的第一道考题。最好在结婚之前，就能答对这道题。

但是，对或者错，都有时效性。

即使一开始互为"Mr. Right"（最适合自己的人）的两个人，在漫长的婚姻旅程中，也会因为双方成长的步调不一致，慢慢变得不同频、不合适。

而一开始就非常草率、勉强地结合的两人，在正式进入婚姻之后，伴随着其他考验的出现、冲突的增加，"嫁错郎""娶错妻"的疑惑更是如影随形。

所以，"伴侣是否合适"既是婚姻关系的第一道考题，也可能是伴随终身的一道考题。

解答这道考题，要分两步：第一步，一开始就作出正确选择；第二步，双方结合之后，成长同步、心灵同频，维系好亲密关系。

错误的开始

我们通过下面几个故事给大家展示一下几种比较常见的“错误的开始”。

第一种“错误的开始”，是违背自己情感、意愿的勉强结合。

李丹今年38岁，她的两个孩子由公婆照顾，自己则在另外一座城市打工，常年与家人分居两地。除了对孩子的成长缺席略感愧疚，李丹很享受这种背井离乡的生活，因为她不想见到那个男人。

“那个男人”是李丹的丈夫，一个永远被李丹鄙夷的对象（“矮矬穷”）。她之所以选择跟那个男人结婚，是迫于父母的压力。十几年前，李丹谈过一场刻骨铭心的恋爱，却以失败告终，耽误了最好的年华。后来，在一位远房亲戚的撮合及父母给予的压力下，李丹勉强跟现在的丈夫——一个自己看不上的男人——领了结婚证。李丹当时心里想的是“先完成父母的任务，大不了结了再离”。然而结婚以后，她却没有魄力按之前的设想迅速离婚，而是稀里糊涂地跟这个她不爱的男人生了两个孩子，在泥潭里越陷越深，半辈子就这么勉勉强强地混下去了。

违背自己的意愿，跟一个一开始就不喜欢的人结婚，在当今社会并不少见。虽说现在已不太可能存在“包办婚姻”，但世俗的眼光、父母的态度依旧会对个体的婚姻选择产生影响，尤其是大龄适婚青年。

这是第一种“错误的开始”，即明明不喜欢对方，却迫于外界压力而勉强与之结合。

第二种“错误的开始”，是在明知对方存在人品瑕疵或性格、心理上有严重缺陷的情况下，仍然与之冲动结合。

本书开篇说过，婚姻是一所学校，哪怕我们一开始是“差生”，大家一起努力，一起学习，不断进步，也有希望慢慢变好。

但是，再好的“学校”也不能解决所有的问题。这也是为什么任何一个国家，除了要设立学校，还要设立医院、法院、监狱等其他机构。

如果你的伴侣存在“最好的学校”“最好的老师”也无法纠正的严重缺陷，那么请你相信，这个人不再是你的“Mr. Right”，不要奢望通过婚姻或一己之力，能把对方改造好，能把两人之间的关系维护好。

什么样的缺陷叫严重缺陷？严重缺陷可以分为两类：第一类是作为个体，存在严重缺陷，比如存在严重的心理疾病、精神疾病，以及屡教不改的恶习（赌博、吸毒、暴力倾向）等；第二类是作为配偶，存在严重缺陷，比如过于自我、对婚姻不忠实等。

下面，我们再给大家分享三个真实的故事。

第一个故事，源自一段网恋。

张璐通过一个网上论坛，认识了一位“志同道合”的异性网友。经过网上两年多的精神交流，张璐觉得那个男人很懂自己。于是两人相约见面。见面之后，双方互有好感，就正式确定了恋爱关系。断断续续相处半年后，两人决定领证结婚。但就在结婚的前一个月，张璐发现男友同时与多个女网友保持暧昧关系。虽然双方为此争吵过几回，但张璐还是舍不得放手，心里也寄希望于对方结婚之后会有所收敛。

然而结婚不到一年，张璐通过刻意侦查，确认了丈夫跟一位女网友出轨。

张璐的婚姻显然也是“错误的开始”。但与第一种“错误的开始”情况不同，张璐对丈夫还是存有几分认同和爱慕的，只是丈夫的人品存在瑕疵。张璐以为通过结婚就可以解决问题，然而事与愿违，随着婚姻的延续，丈夫人品上的问题展现得越来越明显，张璐也越来越后悔，觉得自己嫁错了人。

第二个故事来自一位男性的叙述。

赵涛从高二就开始暗恋同班同学李玉。但李玉是傲娇、美丽的班花，与赵涛只是普通的同学关系。赵涛自知实力不够，一直没敢表白，只能深藏爱意，跟李玉长期维持着友好的同学关系。一直到大学毕业，赵涛还跟李玉保持着一定频率的联系，时不时地在对方微信上问个好、在朋友圈点个赞。

一晃多年过去了，李玉的人生不断往前推进，毕业、恋爱、结婚。而赵涛三十岁出头，仍旧是单身。

终于有一天，守候李玉多年的赵涛从李玉的朋友圈嗅出不一样的味道：李玉可能离婚了。赵涛赶紧创造机会跟李玉见面。李玉也很给面子，一来二去，两人的关系终于超越了“一般友谊”。后来有一天，李玉开口向赵涛借钱，赵涛把这当成难得的拉近关系的机会，于是对李玉慷慨解囊。李玉借了第一次，就有了第二次、第三次，每次借钱的借口都不同。时间久了，赵涛终于发现了真相——李玉沉迷于网络赌博，这也是她与前夫离婚的原因。

该不该继续推进这段关系？赵涛犹豫了一阵子，最终感情战胜了理智。赵涛在跟李玉约定“婚后由赵涛自己管钱”之后，就与其结婚了。赵涛终于圆了自己的初恋梦，但李玉早已不复当年的纯真。结婚之后，李玉对这个小家庭完全不上心，仍旧沉迷于赌博，有钱就大赌，没钱就小赌。赵涛不给钱，李玉就表现得冷冰冰，经常离家数天不归。结婚半年之后，赵涛发现李玉为了获得赌资，竟与其他男人维持着不正当关系。至此，赵涛的初恋梦碎了一地。

面对这样一个品行存在严重缺陷的对象，赵涛被感情蒙蔽了双眼，仍旧与其结婚，他高估了自己的改造能力，同时低估了人性的弱点。这是很多人会犯的错误。

第三个故事，来自一位女性的叙述。

温娟是一位小巧玲珑、活泼开朗的女孩，在一次逛街购物时，她被一位男青年撞洒了手里的奶茶，弄脏了裙子。男青年诚心地向她赔礼道歉并请温娟留下联系方式，表示要赔偿她一条新裙子。

温娟留意到这位男士长相非常英俊又独具优雅文艺气质，暗生好感，毫不犹豫地加了他的微信。事情很快朝着温娟希望的方向发展，两人开始了约会，确定了恋爱关系。温娟逐渐了解到对方是一个小有成就、家境优渥的青年画家，她很好奇对方为什么选择条件普通的自己，男友回答："我喜欢跟活泼阳光的女孩在一起。"

然而随着相处，温娟逐渐发现，男友的性格比较忧郁，经常一个人默默地创作，在恋爱中也表现得相当冷淡。临近结婚，男友告诉温娟自己患有抑郁症。温娟选择了接纳他，觉得可以用自己的"阳光"来疗愈男友，毕竟男友其他方面都很优秀。结婚之后，温娟发现丈夫依然情绪低落，她决定生一个孩子，提升一下家里的温度。

生了孩子后，丈夫并没有表现得非常开心，甚至有时孩子一哭闹，丈夫就呈现出歇斯底里的暴躁。面对如此冷漠又神经质的丈夫，温娟患上了产后抑郁症，幸好得到自己母亲的照料，慢慢恢复过来。母亲在帮温娟带孩子期间，与女婿也发生了一些不愉快的事情。后来温娟的丈夫索性以"自己的创作受到影响"为由，搬离了家庭，单独出去租房子住。温娟终于失去了信心，提出了离婚。

然而离婚手续还没办下来，丈夫就在一个清晨服毒自杀了。听到丈夫自杀的消息，温娟犹如五雷轰顶，被彻底击垮。此后，温娟陷入了深深的痛苦、悔恨和自责中。她悔恨自己提离婚伤了丈夫的心，不断地责怪自己对丈夫关爱不够。直到有一天，温娟偶然听到丈夫身边的朋友提起丈夫已经患重度抑郁症很多年了，并在认识温娟之前就有自杀未遂的行为，温娟才稍微放过了自己。

但是，独自带着孩子艰难前行的温娟，也在生活的磨砺中渐渐失去了往日的“阳光”。

有句话说得好：“没吃饱，只有一个问题；吃饱了，会有很多问题。”随着物质生活的富足，现代人心理不健康或心理异常的情况越来越普遍。

知识拓展

第三届国际心理卫生大会曾认定心理健康的标志是：

（1）身体、智力、情绪十分协调；

（2）适应环境，人际关系中彼此能谦让；

（3）有幸福感；

（4）在职业工作中，能充分发挥自己的能力，过着有效率的生活。

人的心理状态有一定的节律性，通常会按照固定的周期波动。如果一个人偶尔出现情绪低落、幸福感低、工作效率低下，但过一段时间就能恢复，那么这个人心理大体上还是健康的。如果一个人生理节律长期紊乱，长期（一个月以上）达不到以上4条心理健康的标志，那么可以初步判定此人心理不健康。

如果我们觉察到自己或伴侣心理不健康，可以通过调整作息、加强沟通、增加运动及进行心理咨询来进行调整、恢复。因此，心理不健康状态还不足以构成严重心理缺陷。

真正的严重心理缺陷，在心理学上被定义为“心理异常”，在医学上则被定义为“精神障碍”，属于躯体疾病的范畴，只不过由于产生“病变”的部位是人的大脑，其“创伤”或“病变”并不容易被发现。对这类人，我们可以称其为“心理疾病患者”。

只有专业的医生，才有能力去治疗一个心理疾病患者。作为普通人，面对一个心理异常的患者，基本上是无能为力的，哪怕我们再善解人意，哪怕我们给对方再多的爱和温暖。因此，我们在选择伴侣时，或在与伴侣相处过程中，要觉察或判断对方是否存在心理异常或精神障碍，如果存在，就要意识到这是一个严重问题，对其给予足够的重视，必要时可寻求专业人士的帮助，而非独自面对。

很多心理疾病患者的症状是间歇性出现的，因此很容易被人认为是“性格不好”或“有时候脾气不好”。但事实上，有些心理疾病的根源是幼年在原生家庭经历的创伤，还有些来自遗传，与癌症一样，要痊愈是很困难的。

还有一些人有症状相对轻微的心理异常或精神障碍，比如认知障碍、思维障碍、双相情感障碍、神经症，以及各种人格障碍（偏执、分裂、强迫、冲动、焦虑、依赖）。如果不常跟这类人相处，一般人是不会觉察到太多问题的，但如果长期与其共同生活，挑战也非常大。

如果不想给自己的婚姻增加太多的负担，最好在恋爱阶段，或在结婚早期（生育之前），辨别伴侣是否身心健康，然后作出理智的选择。

大部分“错误的开始”，其实一开始就能被发现。如果一开始就发现并作出决断，人生还比较容易翻盘。

现实中，有很多夫妻即使已经意识到“错误的开始”，但由于种种原因没有及时止损，继续在糊涂中前行，甚至生儿育女，增加了沉没成本（已经投入进去的、无法挽回的成本，譬如时间、精力、金钱、感情），让翻盘的难度大增。

错误的过程

除了前面所述的一开始就是错误的结合，还有一种情况更加普遍，即伴侣双方刚结合时，都身心健康、条件般配，但婚姻生活里的各种鸡毛蒜皮，以及性格差异、习惯差异等，会导致双方的分歧和矛盾与日俱增。这时候很多人会怀疑对方是否适合自己，自己是否嫁（娶）错了人。

这个问题就需要辩证地来看了。

首先，这世界上没有不经磨合就完美契合的夫妻。婚姻既不是童话，也不是“过家家”，几乎所有的婚姻都会经历一个具有一定痛感的磨合过程。在磨合过程中，需要注意以下几个方面：一是要排除前文所讲的两种“错误的开始”；二是不要轻易否定伴侣，不要轻易否定婚姻；三是要认真反思，发现问题所在；四是要积蓄能量，积极解决问题。那么具体怎么解决呢？等看完这本书，大家可能会有更多思路。

其次，进入婚姻以后，确实有可能双方的成长速度不一样，导致彼此之间的差距越来越大，最后不再适合做夫妻。

在婚姻这所特殊的学校，有优等生进去，结果变成了差生；也有差生进去，能力逐步得到提升，结果变成了优等生。但大部分人都是普通人、中等生。如果两个能力匹配的中等生进到同一所学校之后，两人的成长步调不同，一个进步成为90分的优等生，另一个退步成为不及格的差生，两者的关系就会失衡。优等生可能会选择跳级，差生可能面临辍学。

如果自己是后来居上的优等生，作为另一半的那个差生可能就不再是自己的“Mr. Right”了。是离开对方重新选择一个更匹配的伴侣，还是帮助对方一起成长？两种选择对应不同的成本和发展方向。

如果自己不幸成了差生，跟不上对方的步调，在婚姻中的价值极低，是自暴自弃、辍学，还是勤奋学习、努力进步？同样，这两种选择也对应不同的成本和发展方向。

结束一段婚姻，比开始一段婚姻更难。因为不仅要顾虑到已经投入的成本，还要考虑自己的“离婚力”（独立生活的能力和实力）。在本书“评估婚姻”一章，我们会详细地论述“离婚”这一课题。

思考题

1. 自己嫁（娶）错了人吗？
2. 如果觉得自己嫁（娶）错了，具体是哪一种错误？是“错误的开始”，还是“错误的过程”？
3. 如果觉得自己嫁（娶）错了，是决定在婚姻中纠正错误，还是放弃这一段婚姻，重新开始？

考题二

差异分歧

世界上没有完全相同的两片树叶，更没有完全相同的两个人。所以，走进婚姻的双方，注定在多个方面存在差异。简单梳理一下可知，常见的显著性差异表现在性别、“三观”、气质与性格这几个方面。

除此之外，还有很多微观层面上的差异，比如生活习惯的差异、审美的差异、饮食口味的差异等。落实到生活细节里，就是夫妻俩的每一言、每一行都可能存在不同程度的差异。

在夫妻关系实训营里，有一些夫妻对于“人生的意义是享乐还是奋斗”存在观念上的差异，这是“三观”差异。还有一些夫妻，经常为诸如“洗完澡后脏衣服是否要立刻丢进洗衣机”这类问题争吵不休，这是生活习惯的差异。

面对不同层面的差异和分歧，应对策略是不一样的。有些差异需要统一，有些差异需要磨合，还有些差异则需要彼此接纳。本章我们将分别阐述一下婚姻里双方在不同层面上的各种差异。

性别差异

男性和女性除了在生殖功能上存在显著差异，还存在其他生理方面的差异。这些生理差异，决定了男女双方在思维和行为方式上存在一定程度的差异。如果一个人在成长过程中，没有跟异性（尤其是同龄异性）长期共同生活的经验，在进入婚姻之后，可能会因为不能理解、不能接纳这些差异而与对方产生矛盾。下面，我们就分别阐述一下男女双方几项重要的生理差异。

第一个生理差异，男性身体里的雄性激素（睾丸素）含量比女性身体里的高出很多倍。有研究发现，男、女身体内雄性激素的含量比例大概是10：1。雄性激素决定了一个人的性欲水平及体能和精力。这种激素水平的差异，从幼年时期就会显现出来。通常情况下，小男孩会比小女孩更好动，精力更旺盛，并且更具有攻击性。一个健康的成年男性，通常也会比成年女性体能更强，精力更旺盛，以及更具有攻击性。因此，在战争年代，被安排上战场的大多是男性。而在和平年代，男性的一部分攻击性可以通过参加体育锻炼、竞技运动得到释放，具体表现在很多男性热爱运动，或者热衷于看运动比赛。经常有妻子不能理解“为什么丈夫那么喜欢熬夜看球赛，看到有些场面时，情绪还特别激昂”，这是因为男性体内雄性激素在发挥作用。除了运动，还有一些不太健康的释放体能和激素的方式，比如打架、斗殴。这也是为什么青春期的男孩们更容易出现打架、斗殴的情况。在大多数家暴事件里，先施暴的往往也是男性。

因为睾丸素水平较高，一个健康的男性，其性欲会更高，也更加难以自制。一些婚姻出现问题，也是男女双方在性生活上不合拍导致的。

第二个生理差异，男性和女性大脑功能或神经系统的发育存在显著差异。人的大脑分为左半球和右半球，左半球是负责处理言语，进行抽象逻辑思维、集中思维、分析思维的中枢，右半球则是负责处理表象信息和进行具体形象思维、发散思维的中枢。美国宾夕法尼亚大学对人类的大脑神经连接进行了研究，发现女性的左、右脑之间的神经连接更强，而男性左、右脑之间的神经连接较弱，但每个脑半球内部的神经连接都相对更强。这就导致女性更擅长处理多重性的、协作性更强的任务，而男性更偏向于处理单项任务。

比如，照顾一个两三岁的幼儿，其实是一项需要左、右脑协作的较为复杂的任务——需要眼睛的关注、动作的协助、语言的引导、情感的觉察。在这类任务中，女性会比男性做得更好。而对于修理抽油烟机这类专一性任务，男性往往比女性更擅长。

还有更多的脑科学研究发现，女性的语言中枢发育得比男性更好，所以女性更乐意倾诉、表达，而男性往往显得更沉默。经常有妻子反映丈夫下班后不爱说话，不肯跟自己交流。也许这与情感无关，只是因为男性的语言神经中枢不够发达而已。

女性大脑里负责色彩、形象识别的神经网络也比男性发达很多。有一对夫妻，两人约好周末一起出门拜访朋友。妻子很早就进入化妆间梳妆打扮，为选择一个口红颜色花费了很长的时间，尝试不同的着装搭配又花费了更多的时间。过了将近一个小时，当妻子终于带着精致的妆容出现时，丈夫早就等得不耐烦了，他甚至不觉得打扮了半天的妻子跟平时有多大区别。

但是，男性的大脑中负责空间方位的神经连接比女性强很多，所以夫妻出门或旅游，让男性当司机或向导是更好的选择。

除了以上生理差异，我们还通过一些生活观察发现，男性普遍来说更加果敢、坚定，而女性更为柔和、更具有适应性。就像每个硬币都有正反面一样：坚定的另一个侧面就是固执，而固执的人不太容易改变自己的行为观点；“适应性强”在某些情景下表现出来的就是立场不坚定，容易盲从，容易受到心理暗示影响，所以很多商家在打广告时，目标客户都是女性。

我们也可以从进化论的角度来解释男女之间的一些差异，人类在几百万年的进化历程中，雄性人类和雌性人类的分工变得愈加分明。雄性人类主要从事狩猎等攻击性很强的活动，雌性人类则主要负责采集、哺育等精细化的活动。几百万年的分工差异塑造了男女双方不同的大脑和特质——男性果敢、坚毅，善于攻击和竞争；女性温和、细腻，更善于打理家庭和抚育子女。

以上就是男性和女性存在的典型的性别差异。当然，凡事都不绝对。一位剑桥大学的教授通过研究发现，并非所有的男性都有典型的“男式”大脑，每五个男性中就有一个是“女式”大脑（例如很多知名化妆师是男性）；也并非所有的女性就有典型的“女式”大脑，每七个女性中就有一个是“男式”大脑（例如一些雷厉风行的企业家是女性）。

人们很可能都期待伴侣是一个具备男性和女性所有优势的完美人类，但事实上，这几乎不可能。在与伴侣相处的过程中，认识到对方的性别优势，接纳对方的性别劣势，然后趋利避害、取长补短、分工合作，这才是最明智的选择。

“三观”差异

很多夫妻一吵架、一闹矛盾，就会将其归咎于“三观”不合。“三观”不合确实是婚姻中的致命问题，但在给自己的婚姻贴这个标签之前，首先要弄明白什么是“三观”。

“三观”一般是指世界观、价值观、人生观。这“三观”也并非完全独立，而是互相联系、辩证统一的。

首先来谈谈世界观。世界观的一般定义是人们对世界的总的根本看法。由于社会地位不同，观察问题的角度不同，人们会形成不同的世界观。简单而言，世界观的实质即是从根本上去理解世界的本质和运动规律，解决的是世界是“what”的问题。

世界观受信仰的影响，一个信奉神灵的人，他的世界观与唯物主义者的世界观肯定不同；世界观与社会意识形态相关，资本主义国家的世界观强调自由，保护个体的私有利益，社会主义国家的世界观更强调公共利益；世界观也与社会阶层相关，身处不同社会阶层的人们，他们的世界观很难统一。

因此，如果男女双方从小受不同的社会意识形态熏陶，或处在不同的社会阶层，或具备不同的宗教信仰，那么他们的世界观就很难统一。

价值观是“人们关于什么是价值、怎样评判价值、如何创造价值等问题的根本观点”。价值观的内容，一方面表现为价值取向、价值追求，凝结为一定的价值目标；另一方面表现为价值尺度和准则，是人们判断事物有无价值及价值大小、是光荣抑或可耻的标准。

人们在不同时代、不同社会生活环境中形成的价值观是不同的。一个人的价值观是从出生开始，在家庭和社会的影响下逐步形成的。当然，报刊、电视、网络等媒体宣传的观点，以及父母、老师、朋友和公众人物的观点与行为，对一个人的价值观也有不可忽视的影响。比如，有些人认为人生的价值在于为社会奉献，有些人认为人生的价值在于为自己创造舒适的生活；有些人认为陪伴家人的时光很有价值，有些人则认为为事业奋斗的时光才有价值。

人生观即对人生的看法，也就是人类对生存的目的、价值和意义的看法。人生观是世界观的一个重要组成部分，受到世界观的制约。

一个人的人生观在不同时期也可能会发生变化。快速发展的外部世界、个人生活经历的变化都会影响一个人的人生观。

在物质条件极端贫乏的情况下，“生存第一”会是很多人的人生观；当物质条件丰裕之后，有些人的人生观会变成“享乐主义”；也有人在经历重大的挫折、打击之后，产生悲观厌世的人生观。

有些人的人生观是“乐观主义”，对于社会发展和自己的人生始终抱着积极的态度；有些人的人生观偏悲观，对未来的发展持消极态度，认为活着就是受苦。

“三观”不合的两个人，很难建立持久的关系，做朋友都难，更别说做夫妻。那么，如何避免在婚恋过程中错选一个“三观”不合的对象呢？

事实上，一个人的“三观”并不会写在脸上，在有限的相处时间内，要完全弄清楚一个人的“三观”并不容易。我们的老祖宗发明了一个相对简单的办法，可以在最短的时间内，最大可能地避免“三观”不一致，那就是“门当户对”。

门当户对，意味着双方原生家庭的门第都处在同一个水平线上。家庭环境、成长背景对一个人的“三观”塑造有着较大的影响。因此，门当户对的嫁娶双方“三观”一致或相近的可能性最大。

比如，婚恋中的双方由于所处社会阶层差不多、家庭环境差不多、双方成长经历类似（没有极端经历），这样的婚姻结合，双方“三观”一致的概率更高。相反，如果婚恋双方处于不同的阶层（比如王子和灰姑娘），虽然有可能发生短暂的爱恋（人有时候会因为彼此的差异而相互吸引），但进入婚姻后，经过长期共同生活，共同面对婚姻中的其他考题，比如现实利益问题、社交圈层问题、原生家庭关系问题，矛盾和冲突会就会显现，且愈演愈烈。当激情不再、荷尔蒙消退，“三观”不合的夫妻便很难将婚姻维系下去。

除了原生家庭，另一个塑造“三观”的重要因素就是学校教育。很多人在选择伴侣时，很看重对方的学历，不太愿意选择学历比自己低太多的伴侣，这一观点具备一定的现实合理性。因为在一个人的“三观”形成过程中，最重要的青少年时期都是在学校度过的，学校教育对其“三观”的形成发挥了非常重要的作用。比如，一个上过大学的人，他上过的课、接触到的老师及伴随在身边的同学，都是他知识和经验的重要来源，这些知识和经验也逐渐影响到他的思想观念。因此接受同等程度教育的人，“三观”一致的可能性更大。两个文化水平相差很大的人在一起，通常会感觉共同话题很少，交流不同频。

在中国，我们除了接受九年制义务教育，还要进一步接受高等教育和学历提升，需要接受智力筛选。在很大程度上，学历的差距代表了智力和认知的差距。即便是都上过大学的人，但由于毕业于不同水平的大学，认知能力也存在明显差别。两个认知水平相差很大的人在一起生活是很难磨合到位的。比如，有一位学历较高并且具有一定艺术修养的妻子，买了一件颇具艺术价值的陶器，视如珍宝，而她的文化程度偏低又缺乏艺术修养的丈夫会认为这是一个普通的罐子，拿它当烟灰缸。再比如，一位经历过层层竞争的毕业于重点大学的丈夫，无论是对事业还是对生活，都有着较高层次的追求，而他的文化程度很低的妻子的主要兴趣是逛街和购物。可以想象，两个文化程度不同、认知差异极大的人要朝夕共处，对于双方来说都是一种煎熬。

当然，除了标准的学校教育，社会也是一所学校。有些智力水平本身很高、学习能力也很强的人，因为一些特殊原因没有接受更好的教育，但他们经历了社会这所大学校的熔炼，以及在为事业奋斗的过程中，也可以把自己的认知提升到较高的水平，其知识水平和眼界丝毫不亚于名校毕业生。他们的事业发展水平，是比学历更有效的证明。

另外，世界很大，地域文化等差异也很大，这也会导致“三观”的差异。比如，一对跨国恋人，一方是坚定的唯物主义者，另一方则虔诚地信仰上帝，这两种完全不同的世界观也很难融合。

即便是在中国，东西南北的地域文化差异也非常大。比如，我们接触过一对夫妻，其丈夫生活的地区，宗族观念很强。丈夫认为自己的事业、财富、小家庭，都要和大家族捆绑在一起；而妻子则非常注重隐私和界限。这样的婚姻也很难长久幸福。

综上所述，要匹配一个“三观”一致的伴侣，最好统筹考虑原生家庭、教育程度、地域文化等多方面的因素。

当然，“三观”一致并不意味着夫妻双方对所有具体问题的看法都保持一致。事实上，任何一对夫妻，在琐碎的婚姻生活里，都会遭遇很多对问题看法不一致的情况，此处不过多探讨，后面我们再详述。

很多人会把性格差异、习惯差异等生活里所有的不合拍，通通上升成“三观”不合。我们在接受婚姻问题咨询时，有些人抱怨的与伴侣“三观”不合，往往起因是一些很小的分歧，比如“我觉得人应该天天洗澡，他却坚持一周只洗一次”。还有一部分人在抱怨与伴侣“三观”不合时，潜台词是“我的想法都是对的，我的‘三观’要比他高级”。一旦人们心存这种执念，可以说，无论换了谁来做他们的伴侣，他们都很难维系一段稳定的亲密关系。因为这世界上没有人可以完全按照自己的所想所愿去行动，哪怕是孪生兄弟或姐妹。

气质与性格差异

气质相当于平常所说的脾气、秉性，它在心理学上的定义是“表现了一个人心理活动的速度、强度和稳定性”。有人暴躁，也有人温顺，有人活泼，还有人沉默，这就是气质。

性格则体现人对事物的态度及与这种态度相适应的行为方式上的人格特征。有人积极乐观，有人则消极悲观，有人热爱集体，有人则自私自利，这些都是人性格的表现。

气质的差异是先天的，而性格主要是后天形成的。两者之间也存在一些联系，某些先天气质类型更容易发展成为某种性格。

普通人在谈到一个人的特质时，更常用的是“性格”这个词，“她性格怪异”“他性格好相处”，这其实是在笼统地谈一个人的“气质+性格”。为了更好地解析人性，我们将气质和性格分开讨论，因为气质与性格有很大的一个区别，即气质没有绝对的好坏，基本没有被后天塑造的可能，但性格有好坏之分，是被后天塑造的。

我们如果想更好地了解自己的伴侣，首先要了解伴侣的先天的气质类型。

古希腊医师希波克拉底通过体液分类，将人的气质分为四种气质类型：胆汁质、多血质、黏液质、抑郁质。后来，心理学家巴甫洛夫对人类神经活动进行分析实验，心理学领域对气质的分类与描述有了进一步的完善。下面，我们将分别介绍一下最常见的四种气质类型。

1. 胆汁质（激进型）

胆汁质的神经过程的特点是强而不平衡。与这种神经过程的特点相适应的表现是，胆汁质的人感受性低（不敏感）而耐受性高，能忍受强的刺激，能坚持长时间工作而不知疲倦，精力旺盛，行为外向，直爽热情，情绪的兴奋性高；心理活动变化剧烈，脾气暴躁，难以自我克制。用一个更通俗的词形容这类人，那就是激进。

《水浒传》里的李逵是比较典型的胆汁质人物，吃苦耐劳，脾气暴躁。

2. 多血质（乐观型）

多血质的神经过程的特点是强、平衡且灵活。与这种神经过程的特点相适应的表现是，多血质的人感受性低而耐受性高，活泼好动，口齿伶俐、行动敏捷，反应速度、转移注意力的速度都比较快；行为外向，容易适应外界环境的变化，善于交际，不怯生，容易接受新事物；注意力容易分散，兴趣多变，情绪不稳定。用一个更通俗的词形容这类人，那就是乐观。

《红楼梦》里的贾宝玉是典型的多血质人物。

3．黏液质（冷静型）

黏液质的神经过程的特点是强、平衡但不灵活。与这种神经过程的特点相适应的表现是，黏液质的人感受性低而耐受性高，反应速度慢，情绪的兴奋性低但很平稳；举止平和，行为内向；头脑清醒，做事有条不紊、踏踏实实、循规蹈矩；注意力容易集中，稳定性强；不善交谈，交际适度。用一个更通俗的词形容这类人，那就是冷静。

《西游记》里的唐僧算是黏液质人物。

4．抑郁质（忧郁型）

抑郁质的神经过程的特点是弱且兴奋过程更弱。与这种神经过程的特点相适应的表现是，抑郁质的人感受性高（敏感）而耐受性低；多疑多虑，内心的体验极为深刻，行为极端、内向；敏感、机智，别人没注意到的事情，他能注意到；胆小、孤僻，情绪的兴奋性弱，难以为外界事物动情，寡欢、爱独处，不爱交往；做事认真、仔细，动作迟缓，防御反应明显。用一个更通俗的词形容这类人，那就是忧郁。

《红楼梦》里的林黛玉是典型的抑郁质人物。

以上是四种典型的气质类型，但大多数人的气质兼具其中几种类型的特点，而并不是绝对纯粹的某一种。比如，大部分企业领导人属于黏液质（冷静型）与胆汁质（激进型）两种气质的结合。

气质类型与个人智商、成就没有对应关系。任何一种气质类型都可以出现高智商、高成就的人。只是在工作、生活中，选择跟自己气质类型相适应的模式，会比较顺畅、快乐。比如，让一个抑郁质的人去从事需要大量社交行为的工作，他就会感到比较痛苦，因为他更适合专注于艺术或创作。

在选择婚恋对象时，主动觉察伴侣的气质类型，就能更好地理解对方的行为方式，以此选择更合理的相处方式。

比如，伴侣的气质类型如果属于抑郁质，就可能比较敏感多思。因此自己在说话、行事方面，要尽量避免给对方造成过强的刺激。如果因为强刺激引发了对方的负面反应，也不要指责和嘲笑对方，不要怪对方“小心眼”，而要像接纳一个人的身高、肤色等先天生理特征一样，去接纳对方的先天气质。

如果伴侣的气质类型是胆汁质，有时候他的行为会显得急躁、粗暴，这时候我们要暗示自己：他就是这样的秉性，并不是专门针对我。

每一种气质类型，在工作、生活中都有对应的优势和劣势。作为伴侣，为了共同建设好婚姻这所学校，需要刻意地与对方合理分工，取长补短，形成优劣势互补。

在现实中，大多数夫妻往往都具有不同的先天气质。因为具有不同气质类型的人，更容易相互吸引；两种不同气质类型的人结合，也更符合自然生存法则。

两个气质完全相同的人组合成婚姻，其实风险是很大的。比如，两个乐观型的人在作决策时，往往都偏向乐观，而忽略风险；两个抑郁质的人组合在一起，都会活得小心翼翼，了无生机。

但气质不同的两个人所组合的婚姻又会不可避免地出现双方生活步调不一致、对同一事物看法不一致的问题。比如，一位激进型的丈夫，要求卖掉一套房子去创业，而冷静型或忧郁型的妻子就会坚决反对。一旦出现这种情况，产生分歧的双方不要主观地认为自己的判断一定是高明的，最好能集合双方的想法，理智分析一下不同决策的优势、劣势、机会、威胁（SWOT分析），最后作出一个更加科学、合理的决定。

论述完先天气质，我们再来探讨一下性格。性格在心理学上的定义是“一个人对现实的稳定的态度，以及与这种态度相适应的、习惯化了的行为方式”。性格不同于气质，它受社会文化的影响，有明显的社会道德评价的意义。性格是在后天的社会生活实践中逐渐形成的，一经形成就比较稳定，但也具有一定的可塑性。比如生活环境产生重大变化，也会影响一个人的性格。

总体而言，气质更多地体现了人格的生物属性，而性格更多地体现了人格的社会属性。

性格的静态特征可以分为四个部分：态度特征、意志特征、情绪特征、理智特征。

态度特征即一个人对待他人、社会、集体、工作等外部事物的不同态度。有些人大公无私、关心他人、乐于助人，而有些人则自私自利、损人利己，对他人、集体、社会都很冷漠。

意志特征可分为自觉性、果断性、坚韧性、自制性四个层面。有些人性格坚强、刚毅果断，有些人性格懦弱、优柔寡断，这些就是指性格的意志特征。

情绪特征是指一个人的情绪对自己行为的影响，以及他对自己情绪的控制能力。有些人性格平和，乐观积极，这些就是指一个人性格的情绪特征。

理智特征是指一个人在认知活动中的性格特征。有些人善于独立思考，有些人人云亦云；有些人现实感强，有些人富于幻想；有些人看问题全面，做事情能深思熟虑，有些人爱钻牛角尖。这体现的是不同人的性格理智特征。

另外，性格也具有动态特征，即在不同场合下会显露不同方面的性格，比如雷锋日记里写的“对待朋友要像春天般温暖……对待敌人要像严冬一样残酷无情”。

因此，性格有好坏之分。

在我们的夫妻关系实训营中，很多人指出了伴侣性格上的缺点，有些缺点对亲密关系的负面影响非常大。比如：性格冷漠、自私，不关心他人；性格悲观消极，对身边的一切都是负面评价；性格冲动执拗，爱钻牛角尖。

人与人之间，只要有过一段时间的近距离相处，性格缺陷都能暴露出来。但是，很多人在明知对方有性格缺陷的情况下，仍然选择与之结合。这是因为评价一个人，或选择一个结婚对象，需要考量的因素实在太多：“三观”、气质、性格、能力、家世、外貌……每一项因素都很重要，而所有条件都完美的人，实在太少，即便有，对方也未必愿意选择自己。

在很多情况下，人们只能对各种因素进行排序、筛选，选择一个“相对较好”的对象，而不是奢求绝对完美的人。

人们在对婚恋的诸多因素进行比较和选择时，排序是不一样的。有些人是感觉优先，有些人则是外貌优先，有些人是能力优先，还有些人是经济条件优先。

对于普通人来说，相比性格、气质这些内在的因素，外貌、能力、家世这些因素更加重要，而且一般被认为是更加有分量的“硬件”。

所以，绝大部分人在走进婚姻的那一刻，就需要意识到“我要面对的是一个在某些方面与自己存在差距或差异的对象，我接受了这个人作为伴侣，就必须接受这些差距或差异的存在，如果我不能接受，就只能重新选择对象，但可能又要面对另外一些差距和差异”。一个能力强、家世好的伴侣，在性格上可能并不那么温顺。反过来思考一下，“我愿意接纳一个性格顺从，却能力平庸、不求上进的伴侣吗？”很多情况下，我们要面对“鱼和熊掌不可兼得”的选择。

很多人刚进入婚姻时会很有信心去改造对方，让他符合自己的期望。有这种勇气值得钦佩，但我们需要对具体情况作具体分析，了解哪些差异是可以改变的，哪些差异是难以改变的，哪些差异又是不可能改变的。

前面提到，气质是生物属性，很难改变，只能趋利避害。而性格主要是后天形成的，但形成的过程很漫长，改造的过程也很漫长。婚姻是一所学校，确实有可能将差生培养成合格生或优等生，前提是差生有被培养的意愿和潜质，并且这所学校也要足够好。

习惯差异

相比“三观”、气质、性格，习惯更微观，是指人惯有的言行举止和生活方式。但有一部分习惯其实是“三观”、气质、性格在生活细节上的反映。比如，一位丈夫习惯于周末在家里待着，而妻子习惯于外出社交、逛街购物。这种习惯差异，其实是气质与性格差异的折射。

有一些习惯与性格、气质无关，仅仅是一个行为重复多了，就变成了习惯。比如有些人习惯吃辣的，有些人习惯吃甜的。通过刻意的重复练习，这类习惯是可以改变的。

有些习惯只是差异问题，不分对错，比如有些人习惯安静，有些人习惯热闹；也有些习惯确实有好坏之分，比如有些人习惯将房间收拾整齐，有些人习惯乱放东西。

夫妻在婚姻中面临的最大的挑战是如何区分“差异”与“好坏”。比如妻子习惯每天淋浴，丈夫可能三五天才洗一次澡；妻子喜欢将家里所有的物品摆放得井井有条，丈夫觉得居家环境差不多就行。这说明丈夫的习惯不好，还是只是夫妻俩的习惯存在差异？如果只是差异，可以接纳；如果存在好坏，那么习惯“坏”的一方确实有必要向“好”的一方看齐。

有些习惯有约定俗成的标准，比如每天刷牙、洗脸。但有些习惯就没有标准，比如究竟每隔几天洗一次澡才是正确的，尤其是如果夫妻俩曾分别生活在南北气候差异很大的两个地区，生活习惯的差异就会很大。

另外，不同的居家环境标准也会导致人与人之间有较大习惯差异。比如，一位丈夫下班回来，看见家里的地板上散落着一些玩具，就感觉头脑发胀，难以忍受。而对于整天疲于照顾孩子吃喝拉撒的妻子来说，这些都不值得计较。

在婚姻中，人们会很容易给伴侣不同于自己的习惯贴上“坏习惯”的标签，甚至为了证明自己是对的，可以找到很多对自己有利的证据来攻击对方的习惯，进而导致很多矛盾、纷争。

在面对习惯差异时，有时很难笼统地确定标准，需要静下心来细细地分类梳理。

如果某一项行为存在约定俗成的规定，这就很好办，夫妻双方一起遵照规定执行即可。如果没有标准怎么办？可以通过召开家庭会议、夫妻会谈，共同商量确定一家人的生活习惯标准，作为“家庭公约”，大家一起执行。

然而，还有一些习惯无论双方怎么讨论都很难达成共识，这要分情况考虑。比如，对方的习惯对自己的生活造成了严重的影响，那么可以郑重告知对方并提出改进建议。或者，自己找到其他躲避对方坏习惯的方式，但需要告知对方自己这么做的原因，比如一位妻子无法跟丈夫同床共枕，因为丈夫经常三天以上不洗澡。

另外，在不同的时间阶段，生活标准也可以不断调整。比如孩子年龄很小，家里又缺乏人手，居家环境方面的标准可以适当降低。如果孩子长大且已经开始上学，全职在家的人有了足够的时间维护居家环境时，居家环境的标准就可以相应地提高。

除了前面所述的生活习惯，还有两种习惯也会对婚姻生活产生重大影响，一种是关于爱的习惯，另一种是处理差异的态度和模式。

关于爱的习惯，可以分为两个方面，一是习惯怎么表达爱，二是习惯怎样接受爱（被人爱）。这两种爱的习惯是在每个人从出生到成年这一段漫长的成长经历中形成的，尤其是原生家庭和童年的成长经历，对人们爱的习惯影响巨大。

以下是华川的个人经历分享。

我自己成长于一个兄弟姐妹较多的家庭，爸爸是一位道桥工程师，经常跟着工程项目走，几个月不回家。母亲一个人在家养育几个孩子，非常操劳。我对当时最亲密的人——我的母亲——表达爱的方式就是自己独立、懂事，不让她操心；在学习上认真努力，取得好成绩，让她为我感到骄傲。而我母亲爱我的方式，一方面是给我信任，没有太多的控制；另一方面是生活上的照顾，让我衣食无忧。

我在那个阶段养成的思维定式和习惯，也带到了我的婚姻中。结婚以后，我对伴侣表达爱的方式，就是独立、省心，让他可以不必担心我，每天可以安心地工作。同时，我也在事业上尽量表现优秀，让他为我感到骄傲。

而我希望他爱我的方式，就是给我足够的信任，少干涉我想做的事。同时，我也希望小家庭能够温暖、舒适，希望他能给我一些生活上的照顾。

而我的爱人（本书后文简称“川爸”），依据他的童年成长经历，他表达爱意的方式正好是照顾人（刚好与我的需求契合）。而川爸习惯的接受爱的方式，是有温度的陪伴，以及言语上的肯定，这一点就与我产生了矛盾。因为我从小过于独立，甚至不太习惯过于亲密的接触。在语言习惯上，我受到了母亲的影响，即所谓“刀子嘴、豆腐心”，其实就是不懂得鼓励别人，也不习惯说甜言蜜语。

我们夫妻俩，在表达爱和接受爱的习惯方面，有契合的一面，也有不甚协调的一面，因此发生过不少冲突，直到我自己潜心钻研了很长时间心理学和亲密关系，这些问题才得以改善。

在我们的夫妻关系实训营，爱的习惯差异导致夫妻感情出问题的案例特别多。

李峰和雅晴结婚6年了，夫妻感情出了一些问题。究其原因，妻子雅晴的说法是“老公心里根本没有我，没有这个家，只有工作、工作”。问题爆发在雅晴32岁生日那天。当天，李峰像往常一样上班、加班，晚上十点多才回家，由于担心影响孩子休息，他就独自去客卧睡了，连一句“生日快乐”都没跟妻子说。

雅晴默默期待了一整天，却等来这个结果，加上想起平日的委屈，一夜未眠。第二天一早，雅晴就赌气带着孩子去了隔壁小区的娘家。

李峰第二天一早起床，看见老婆、孩子不在家，感到十分奇怪，给老婆打电话又被挂断，只好带着一肚子疑惑去上班。到了下班时间，终于接到老婆兴师问罪的电话，李峰自己也觉得委屈，他说：“都老夫老妻了，还这么矫情，我不也是因为工作太累了吗？我努力工作不也是为了这个家吗？”

雅晴觉得自己跟老公完全进入不了一个沟通频道，越想越觉得以后的日子会很难熬，就来找我们做婚姻咨询。我们启发她回顾了自己及丈夫的原生家庭和童年经历，慢慢发现了一些线索。

李峰出身于农村，在三个兄弟姐妹之中，他最有出息，从小学习成绩优秀，父母也把希望寄托在李峰身上。李峰虽然身在农村，但很少参与家务农活，母亲经常叮嘱他：“你只管好好学习，只要考上大学，这个家就有希望了。”

家里为了省钱供李峰念书，生活一直非常拮据。李峰小时候几乎没有正经庆祝过生日，没收到过生日礼物，李峰也习以为常了。

从小的艰辛生活，让李峰觉得努力学习、努力工作，给家庭创造更好的经济条件就是自己的本分，也是自己向家人表达爱的重要手段。

雅晴来自省会城市，父母都是知识分子，比较讲究生活品质。雅晴作为家里的独生女儿，从小备受宠爱，每年生日父母都会精心安排，都会收到精美的礼物。所以在雅晴的惯性思维里，她认为“你如果爱我，就应该用心给我过生日，为我准备好礼物”。

在恋爱阶段，李峰曾尽力满足雅晴的各种需求，但这并非他的习惯。就好比左撇子有时候也能努力地使用右手，但还是最习惯用左手。所以结婚以后，李峰又回归到了惯性思维，埋头工作、埋头赚钱，忽视了妻子需要的仪式感。

很多夫妻就像李峰和雅晴一样，并不是不相爱，只是爱的习惯不一样——我习惯给你A，而你习惯想得到B。夫妻双方如果能觉察到这方面差异的根源，就能多一些宽容和理解。

李峰不是完美丈夫，但他人品正直、勤奋上进，身上也有很多可贵的优点。雅晴气质优雅，但性格脆弱，生存能力较差。从客观角度来综合评价，他俩还是很互补、很般配的一对。如果仅仅因为一些习惯的差异就分道扬镳，实在可惜。

除了爱的习惯，还有另外一种习惯对人生的影响也很大，那就是处理差异的态度和模式，尤其是如何看待令自己不满意的事物。

每一对夫妻在婚姻生活中，都会面对无数的差异、差距、分歧及由此导致的失望和不满。有些夫妻磨合得比较好，日子越过越顺畅。而有些人，跟谁都无法和谐相处。这就涉及一个人在面对与自己不同的、令自己不满意的事物时，会采用一种什么样的态度和行为模式。

现在，我们可以假定自己身处如下一个场景，看看自己会有什么样的反应。

有一天，你下班回家，看见桌子上放着伴侣刚买回家的一堆苹果。你看了一下品种，是脆甜的红富士苹果，而不是自己之前跟伴侣提到的孩子们更喜欢吃的“面”苹果。这时候，你会怎么办?

下面提供三个选择，看看自己会选哪一个。

选择一：指责伴侣：“你怎么总是不听我的建议？！”

选择二：叹气，为伴侣屡教不改的行为感到灰心，自己重新买一大包“面”苹果。

选择三：失望了一小会儿，但快速收拾好情绪，与伴侣展开理性的沟通，说出自己的需求，也倾听伴侣买脆苹果的理由。

以上三种选择，代表了最常见的面对不满意的事物的习惯性反应模式，第一种是指责模式，第二种是逃避模式，第三种是理性沟通的模式。

想一想，我们自己在生活中，最常用的是哪一种模式?

显然，指责模式对夫妻关系的破坏性最严重；逃避模式可以暂时缓解冲突，但长期逃避容易积累矛盾，最后在某一刻集中爆发，破坏力更大；理性沟通的模式是最科学、合理的，但要做到并不容易。

在我们的夫妻关系实训营里，在我们接触到的很多关系濒临破裂的婚姻中，夫妻双方要么长期采用第一种模式，互相指责，互相埋怨，冲突不停，争吵不断；要么就是经历过第一种模式之后，陷入逃避、“冷战”的状态，放弃沟通，放弃解决问题，最终令婚姻中的问题积重难返。如何进入理性沟通的模式，做到保持理智、专注解决问题？这是人生中一个漫长的修行过程。修行的程度，不仅关系婚姻生活的质量，也关系自己人生的发展。

而要采用第三种模式，最重要的第一步是调整心态和提升格局。具体沟通技巧倒是其次。

可以说，本书的主要宗旨在于解决心态的问题，即让一个人跳出自己的惯性思维，理解人性的复杂性和多面性，接纳人生的多样性和差异性。心态调整好了，格局往往也会随之提升。

在本章的结尾，我们回顾一下如何理解夫妻之间的差异和分歧。

先回顾每个人与生俱来的生理差异。

控制人类行为习惯的，是人的大脑神经中枢。随着脑科学研究不断发展，越来越多关于人类大脑的奥秘被揭开了。我们可以把大脑比作一栋房子，房子里有很多个房间（主导一个人的不同能力和特质），每个房间里连通各种线路（主导一个人对不同信息的反应方式）。首先，每个房间的大小不一样，朝向不一样，优劣不一样，注定一个人各方面的能力特质存在差异。其次，每个房间的信号传输也存在差异，有的传输快，有的传输慢，有的信号弱，还有的信号强。这就导致了有些人是天生的急性子，而有些人是天生的慢性子，有些人敏感、灵活，有些人则迟钝、沉稳。

再来回顾由不同的后天环境导致的差异。

每个人都有不同的人生，从原生家庭的出身到童年生活，再到求学、就业，成千上万个日日夜夜，一个人经历过的所有事情，看到过的所有风景，共同塑造了一个人的“三观”、性格及行为习惯。

我们需要认识到的是，有想法跟我们不一样的人，这很正常，因为他的人生跟我们不一样。

除了无法改变的性别差异，“三观”差异、气质与性格差异及习惯差异，倒是有改变的可能，但不太容易。一个人多年养成的行为习惯，就好像从一个斜坡上滚下来的雪球，朝着一个方向一直滚，滚了很多年，雪球很大，惯性也很强，除非它撞到了巨大的障碍物，否则它不会主动改变方向。如果想人为地改变它的方向，则需要巨大的能量去抵抗这种惯性。

那么改变的能量来自哪里？

一种改变的能量来源于“痛”。当一个人因为自己的不良行为习惯遭受了痛苦的后果，比如抽烟的人得了肺癌，赌博成瘾的人妻离子散，他才有可能产生改变的动力，只不过所需付出的代价太大。

另一种改变的能量来源于“爱”，这是一种很深很深的爱。如果一个人感受到很深很深的爱，同时也深深地爱着对方，那么他确实有可能为了爱而主动作出改变。

如果你给伴侣无限的指责、嘲讽和敌意，他会为了你去改变吗？答案显而易见。

思考题

1. 自己与伴侣之间存在哪些分歧和差异？
2. 这些分歧和差异，可以归类于性别差异、“三观”差异、气质与性格差异、习惯差异中的哪一类？
3. 自己打算如何面对这些差异，是接纳、适应，还是改变？

考题三

原生家庭关系

在我们接触到的夫妻关系出问题的案例中，大约有40%与夫妻双方的原生家庭有关，有20%左右的婚姻破裂是直接由双方原生家庭导致的。

婚姻所缔结的不只是夫妻关系，还有两个家族之间的关系。要协调好这些没有血缘而息息相关的关系非常需要智慧。所以，我们将“原生家庭关系”列为婚姻关系的第三道考题。

婚姻中存在的关系

首先，我们来分析一下，一桩婚姻中究竟存在哪些关系（图1）。

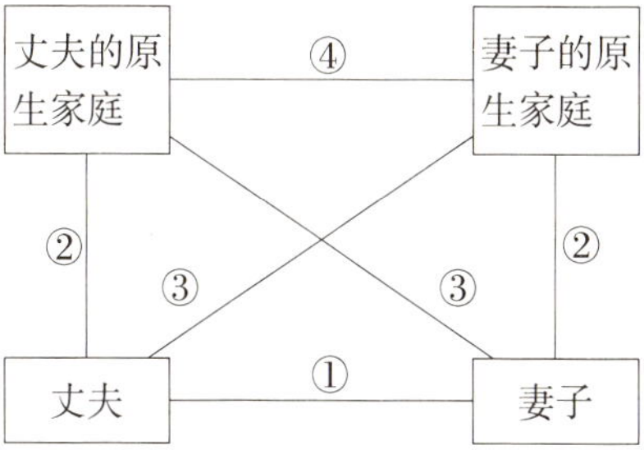

图1 婚姻中的关系

如图1所示，夫妻双方及双方的原生家庭之间，总共存在四种关系：

①夫妻关系。

②夫妻双方与各自的原生家庭的关系。

③夫妻双方分别与伴侣的原生家庭的关系（婆媳关系、翁婿关系、姑嫂关系等）。

④两个原生家庭之间的关系（亲家关系）。

以上是婚姻中最主要的四种关系。如果夫妻两人有了子女，关系会更加复杂。因为在第二代关系（关系②、③）影响力很强的时候，第三代大多还处在未成年状态，所以因第三代而发生的家庭关系（祖孙关系等）暂不作为夫妻婚姻中的主要关系。

在如图1所示的四种关系中，关系①和关系②是最重要的关系。在法律上，它们几乎处于同等地位。根据《中华人民共和国民法典》（以下简称《民法典》）中规定的继承权顺序，配偶、父母和子女是并列的关系。

关系③、关系④中的双方没有血缘作为纽带，关系强度稍弱，但若处理不好，对夫妻关系的影响也很大。

下面，我们来分别探讨一下这四种关系。

关系①：夫妻关系。夫妻关系是否应该就是一个家庭中最主要的关系？在回答这个问题之前，需要先弄清楚两个描述家庭结构的概念。第一个概念是“核心家庭”，第二个概念是“主干家庭”。

核心家庭是指由一对夫妇及未婚子女组成的家庭，通常称为“小家庭”。

主干家庭是由父母（或父母中的一方）和一对已婚子女（包括他们的子女）组成的家庭。

除此之外，还有一种家庭结构叫“联合家庭”，家庭成员由父母、已婚子女、未婚子女、孙子女构成，关系更为复杂，现在已经比较少见。

一个家庭通常只能有一个权力中心。在主干家庭和联合家庭中，家庭中的核心权力一般由年长的父母掌握。只有在核心家庭中，夫妻双方才是家庭的权力中心，夫妻关系才是家庭中最重要的关系。

所以，夫妻关系是不是家庭首位重要的关系取决于夫妻双方所处的家庭结构。

关系②：夫妻双方与各自的原生家庭的关系。同样，我们也要考虑该关系在不同家庭结构中的差异。在主干家庭中，已婚子女与身为家长的父母的关系（关系②）是非常重要的关系。年轻夫妻刚建立不久或不甚牢固的夫妻关系（关系①），往往要让位于关系②。如果是核心家庭，那么关系②应该让位于关系①。夫妻双方是自己小家庭的核心，应该齐心协力地为自己的小家庭承担主要责任。

但原生家庭依然对小家庭产生各种影响，这种影响力与小家庭在物质上、情感上对原生家庭的依赖程度有关。小家庭对原生家庭的依赖程度越高，原生家庭对小家庭的影响力越大，夫妻中的一方或双方与原生家庭的关系就越强。

从情感上来讲，夫妻双方与各自的原生家庭存在血缘关系和长达几十年的情感关系，而与伴侣的关系建立的时间相对较短，情感还有待考验。在相当长的一段时间内，关系②将会与关系①势均力敌。

另外，核心家庭的子女出生以后，如果夫妻一方或双方的原生家庭父母前来帮忙照料孙辈，与小夫妻共同居住，核心家庭有可能转换为主干家庭。

关系③：夫妻双方分别与伴侣的原生家庭的关系。这是最微妙又最难处理的关系。首先，伴侣的父母既是伴侣最亲近的人，又是长辈，从传统上、道义上、法律上讲，应该尊重、孝敬他们。其次，自己与伴侣的父母既无血缘关系又无共同生活的经历，从情感上讲，至少一开始这种关系是极其疏远的。

另外，因为自己与伴侣的父母要同时分享伴侣的情感和关注度，所以自己与伴侣的父母还存在竞争关系。

因此，关系③的维系是难度最大的。很多婚姻出问题就是因为没有处理好关系③。但也有不少夫妻能够做到爱屋及乌，有智慧地处理这种关系，老少三代其乐融融。在后面的章节里，我们会与大家分享更多实例，此处不再赘述。

关系④：两个原生家庭之间的关系。这种关系相对来说更疏远了一层，它不需要太好，但也不能太坏。

关系④在婚姻建立之初产生的影响最大。如果关系④很不好，可能这对年轻人都无法顺利成婚。

关系④与关系③是相互影响的。一对父母如果首先能接纳自己的儿媳或女婿，那么对儿媳或女婿的家族的接纳度也会提高。同样，双方父母如果彼此接纳，甚至投缘，那么对对方儿女的接纳度也会更高。

现实中确实存在对儿媳或女婿很满意，但与亲家关系很一般的情况。但与儿媳或女婿的关系不好，却能与亲家保持良好关系的情况比较少见。

两个原生家庭之间的关系好，对夫妻关系存在一定的积极影响。如果两个原生家庭之间的关系太差，那么对夫妻关系的消极影响会极大。

事实上，若非两个原生家庭在孩子们婚恋之前就彼此熟识、有很好的关系基础。纯粹靠儿女的婚姻，从零开始建立亲厚、和谐的亲家关系是极有难度的。

我们接触过一些年轻夫妻，因为有了孩子或买了大房子，将双方父母接过来共同居住，希望一大家子和谐相处、其乐融融。虽然初衷很美好，但现实往往令人失望。

一般情况下，亲家之间，相敬如宾即可，敬而远之更好。

谁是一家之主

每一个家庭，都需要有一家之主，为家庭重大事务作出决策并承担责任。每一个家庭，也最好只有一个一家之主，主人多了，必定会发生权力之争。

对于核心家庭而言，一家之主通常就是夫妻中的一方或双方（比如男主外、女主内），但对于有双方父母介入或同住的家庭，情况就复杂了。

在中国古代，女儿嫁到婆家，是很难在婆家做一家之主的。只要公婆在世，只要自己还没熬成婆，媳妇就只能扮演服从者的角色。原因很简单，经济基础决定上层建筑。如果一家人赖以生存的主要经济基础，如房子、田地或其他产业都是婆家的，那么媳妇就不会有什么话语权。

在现代婚姻中，比较普遍的情况是一对年轻人脱离双方父母自立门户。从空间上来看，他们基本实现了独立，但从经济上来看却未必。最简单的一个判断就是：房子是由谁买的？

尤其是在房价高企的今天，房子的意义更上升到了无可比拟的地位。在我们的课堂讨论群里，有不少人提出“谁的房子谁的家，谁买房子谁做主”的观点。虽然有些以偏概全，但可看出，现实中很多婚恋关系的症结都在“房子”上。

下面给大家讲两个真实的故事。

1. 搬不走的公婆

叶蓉和陈杰是生活在某二线省会城市的一对小夫妻。丈夫陈杰比叶蓉早几年上班，结婚前陈杰贷款买了一套70平方米的房子。结婚头几年，夫妻俩的小日子过得也还顺心。三年后，叶蓉怀孕了，孩子还没生下来，各种待产用品的添置、亲友的探望，都让原来的房子显得过于拥挤。

一家人商量着换一套大一点的房子，最好是学区房，以方便孩子将来上学。夫妻俩看中了一套130平方米的三居室学区房，公公婆婆看了也非常满意。考虑到小夫妻的资金缺口比较大，公婆卖了老家县城的房子，又取出了所有的养老积蓄，协力买了那套中意的房子。公婆俩也搬过来与小夫妻同住。

公婆给了这么大的支持，叶蓉心存感激，一开始与老人相处还算和谐。几个月后，宝宝出生了，在婆婆照顾叶蓉坐月子期间，婆媳之间的矛盾和不适骤增。比如叶蓉坚持母乳喂养，婆婆嫌媳妇母乳太少，总是偷偷给孩子喂奶粉。另外，叶蓉在坐月子期间叶蓉吃不惯婆婆准备的餐食，提了几次意见，使得婆婆不开心。好在老公陈杰还算贴心，对叶蓉关心备至，叶蓉才没得产后抑郁症，艰难地熬过了月子期。

叶蓉休完产假去上班，公婆二人帮忙带孩子、做家务，给夫妻俩免去了很多后顾之忧。但随着孩子慢慢长大，两代人的教育观点又冲突了。

为了孩子，叶蓉觉得有些忍不下去了，她与老公合计着让老人搬出去，就在同一个小区租房住。老人得知小夫妻的想法，对着儿子一顿大骂：“这是我们出钱出力买的房子，要搬，你们搬！”

陈杰对父母心存愧疚，逐渐接受了跟父母“共住一生”的现实。叶蓉却感觉越来越窒息，每次下班回家，看见老公、孩子与公婆亲亲热热，感觉自己仿佛是个外人。尤其看到老公常年在自己父母的荫庇下越来越懒惰，越来越没担当，对老公便越来越失望，夫妻俩的感情也越来越差。

2. 尴尬的上门女婿

张亮伟出身于农村，但从小学习成绩好，上进心强，从小山村一路过关斩将，考进了北京的一所重点大学，大学毕业后又考上了研究生，研究生毕业后，张亮伟在北京找了一份不错的工作。只是工作没几年，他的年龄就奔30岁了，老家父母就开始催婚。

虽然跟同龄人相比，张亮伟的收入已算优渥，但在北京的房价面前，还是显得微不足道。但如果选择到二三线城市发展，张亮伟又心有不甘。

这时候，有个同事做媒，给张亮伟介绍了女孩晓丹。晓丹是本地土著，独生女，虽然工作一般，但有房有车又有户口。晓丹的父母也有意找一个上门女婿。

张亮伟跟晓丹交往了一段时间，感情还算顺利，权衡下来，感觉晓丹是个可以结婚的对象，就将她带回老家见父母。父母一见这个来自北京的准儿媳，非常满意。因为张亮伟老家还有一个哥哥，所以他父母不介意张亮伟留在北京，做所谓的“上门女婿”。

恋爱不到一年，张亮伟就跟晓丹领证结婚了，正式搬进了岳父母的家。房子的问题解决了，户口的问题不用担心了，子女将来上学的问题也不用愁了。身边的朋友和同事都羡慕张亮伟“嫁得好”。

然而，跟岳父母共处了不到一年，矛盾就开始产生了。先不说生活习惯的磨合，岳父岳母的控制欲比较强，对张亮伟的生活、工作都要作出“指导”。

张亮伟是个很要强的男人，在职场上也是雷厉风行的骨干，很难忍受一对老人的唠叨。所以经常晚下班，下班回家就待在卧室里做自己的事。老人渐渐对女婿有些不满，时常在女儿面前数落他。

跟很多家庭一样，矛盾集中爆发在夫妻俩有了孩子以后。结婚第二年，晓丹生下了一个胖小子，张亮伟的父母非常开心，提着鸡、鸭等土特产从老家赶过来看孙子。在儿子、媳妇家住了不到三天，磕磕碰碰就来了。晓丹以“想清净点儿”为理由暗示公公婆婆早点走。张亮伟感觉自己的父母没有得到足够的尊重，愤愤然地送父母离开。

有了孩子以后，岳父岳母全力照料，张亮伟很少插手，下班后的大部分时间依然待在自己的房间里。

有一天晚上，晓丹给孩子洗澡，忙不开，让张亮伟帮着拿一下换洗衣物，张亮伟在一堆衣物中找了半天，才找到衣服并给她送过去。晓丹说拿得不对，指责张亮伟不上心。张亮伟索性把衣物往地上一扔，表示不干了。晓丹气得一失手，孩子掉到澡盆里，呛了一口水。晓丹抱起孩子骂张亮伟："一点儿用都没有的男人，给我滚！"

一个"滚"字，戳中了张亮伟的软肋。确实，这根本就不是他自己的家，他得随时做好"滚出家门"的准备。张亮伟想到这一层，无边的后悔情绪倾轧而来——早知如此，就不该贪这个便宜，住别人的房子，做别人的女婿。

随着争吵一次次升级，张亮伟和晓丹也走到了离婚的边缘。

以上两个故事，都是经济（房子）决定关系的典型案例。

结婚就像开公司，而开公司就面临"要不要接受别人投资"的问题。一开始启动资金少，仅凭夫妻两人，公司似乎做不大。如果有老人"注资"，公司的起点就会更高，更有希望做大、做强。

但是，处在婚姻中的每一个人都不能忘记一条铁律：有投资就得占股份，谁投资多谁的发言权就大。这里的投资项既包括物力、财力，也包括人力、精力。

叶蓉的公婆对小家庭出钱又出力，算是一个大股东了。而张亮伟的岳父母，几乎是全款出资，扮演着董事长的角色。

在这种情况下，年轻夫妻想完全按照自己的意愿经营小家庭，不考虑股东的意见，不听董事长的安排，显然不可能。这是年轻夫妻一开始接受原生家庭的投资时，首先要接受的现实。

有了矛盾怎么办？家庭各方共同解决矛盾。就像公司合伙人开会一样，一起商讨解决，拿出大家都能接受的方案，毕竟大家把公司做大、做强的目标是一致的。

在目前的一二线城市，要靠年轻人自己奋斗买房，确实很不容易。如果把买房作为结婚的必要条件，很多人可能工作几十年也无法走进婚姻。因此，当下社会比较常见的状态是双方或一方父母出资付房子的首付款，然后由年轻夫妻自己偿还房贷。一家两代人共同为一个新家庭投资，那么这个新家庭的发展决策权，老人和年轻夫妇都有一份。对于很多事情的决策，既要听取老人的建议，也要考虑年轻人的感受，大多数情况下大家要各让一步，才能达成共识。

有一对年轻情侣，结婚备用的新房首付款由老人出资，在装修新房的时候，老人就不断地提建议。老人喜欢沉稳的装修风格，年轻人则希望能把房子装修得新潮一些。如果双方都坚持己见，不肯妥协，这个婚可能就结不成了。事实上，很多都市恋情，就是因为买房、装修这些问题而终结。正确的做法是：理智接受“对方有权提意见”的现实，然后大家一起展望小家庭的未来发展，根据实际使用情况，共同商定出一个合理、折中的方案。比如，别装修得太新潮，也别装修得太沉闷，选择一种居中的风格。或者各自的卧室按照自己喜欢的风格来装修。如果双方都展现出接纳、体谅的态度，就容易各退让一小步，达成共识。

很多拥有几十位股东的大企业，也能就公司发展问题达成共识，何况一个由三五人组成的家庭呢？只要调整好心态，积极努力，办法总比困难多，关键在于沟通。

还有很多小家庭，在刚组建时，双方原生家庭都给不了援助，全靠年轻人自己奋斗。这样的婚姻，虽然一开始辛苦一些，但也为未来省去了很多麻烦。所谓“独立自主”，先得“独立”（不依赖他人、不啃老），然后才能“自主”（自己做一家之主），站得直，才能骨头硬。

因此，原生家庭对新婚夫妻的支持是一把双刃剑。得之我福，失之我幸。

娘家对婚姻意味着什么

在我们的夫妻关系实训营中，经常有远嫁的媳妇向我们倾诉远嫁的种种烦恼。

概括起来，对女孩而言，远嫁有两大弊端：一是娘家给不了小家庭实质上的帮助；二是娘家给不了女儿及时的精神支撑。

比如女儿在自己的新家受了委屈，或与丈夫吵了架，如果娘家近，兴许可以躲在老母亲怀里哭一场。而如果娘家远隔千里，出嫁的女儿只能望洋兴叹。

空间距离确实可以影响原生家庭对小家庭的“联系”。但这种“联系”是好是坏，倒不一定。

接下来，我们给大家讲一个“娘家很近很温暖，但婚姻失败”的故事。

肖慧是独生女，父母是大学老师，从小家境优渥，跟父母感情也很深。

考大学时肖慧填报的志愿都是自己家所在城市的学校。她在大学里认识了一个外地小伙冯军，两人自由恋爱，毕业没几年就结了婚。

新房买在了肖慧父母隔壁的小区，只有“一碗汤”的距离。

新婚燕尔之后，两个年轻人开始了磕磕碰碰的磨合期。每次吵架之后，肖慧就会回娘家。短则一两天，长则半个月。肖慧的老公冯军脾气还算不错，夫妻闹了别扭，一般都会主动哄老婆，赶到岳父岳母家赔礼道歉。但每次在岳父岳母家，看着肖慧跟她父母一家三口亲亲热热，心里难免有点羡慕、嫉妒。尤其是当一家三口一起数落自己的时候，冯军有一种“孤立无援”的感觉。

有一次，冯军问肖慧：“你到底是更爱我，还是更爱你爸妈？”肖慧毫不犹豫地回答：“我爸妈抚养了我几十年，我跟父母的感情是任何人都替代不了的。而我跟你才认识几年，你若希望我爱你多一些，还要看你的表现。”听到这个答案，冯军有些灰心。

有一次夫妻闹别扭之后，肖慧又去娘家长住，而冯军刚好要出差，也赌气没跟妻子联系。过了十几天，冯军出差回来，打开家门，妻子仍然没回家。冯军只得拖着疲惫的身体，独自面对落满灰尘、没有一点烟火气的家。

冯军过上了叫外卖、和电子游戏相伴的生活。肖慧没等到老公前来道歉，不得已主动回家。回家看见丈夫不求上进的状态，更加气恼，两人大吵一架，肖慧又回了娘家。

后来，冯军开始渐渐适应老婆经常回娘家的生活。上班时就主动申请加班、应酬。下班、放假就沉迷于网络游戏。有一天，肖慧发现了丈夫跟其他异性暧昧的聊天记录，冯军解释说这只是游戏里的朋友，网聊也只是因为无聊。

肖慧眼里哪揉得进这种沙子，于是叫上父母，一起对冯军进行了一顿激烈的批判教育。终于，在肖慧某一次从娘家回来时，看到了冯军草拟的离婚协议书。

“趁着没孩子，咱们早点结束这种无意义的婚姻吧，你还是回你爸妈那里继续做乖女儿去吧。”

一段婚姻就此草草收场。

肖慧回到了父母家，过起了饭来张口、衣来伸手的舒适生活，享受着父母给予自己无条件的关爱。然而，肖慧却再也开心不起来。

冷静下来反思，肖慧觉得冯军其实没什么大毛病，甚至比她认识的大部分男人都优秀，而且两人从大学就相恋，感情基础不错。她不明白她的婚姻为何走到了离婚这一步。

“如果可以重来，如果我再对他多用点心，也许就不至于离婚。”

这个故事的结局让人唏嘘。

对于已组建小家庭的年轻人，有一个可依赖的娘家究竟是好事还是坏事？要回答这个问题，首先，我们要弄明白以下几个问题：

1. 与原生家庭父母的关系（亲子关系）和夫妻关系，哪一个更重要

亲子关系是通过子宫和血缘缔结的，毫无疑问是人类最牢固的关系。但亲子关系注定是指向分离的，无论是跟上一代的亲子关系，还是跟下一代的亲子关系。而夫妻关系，是所有人类关系中唯一被期望一起走到人生尽头、相伴一生的关系，是指向未来的一种关系。

两种关系孰轻孰重，要用发展的眼光来看待（图2、图3）。

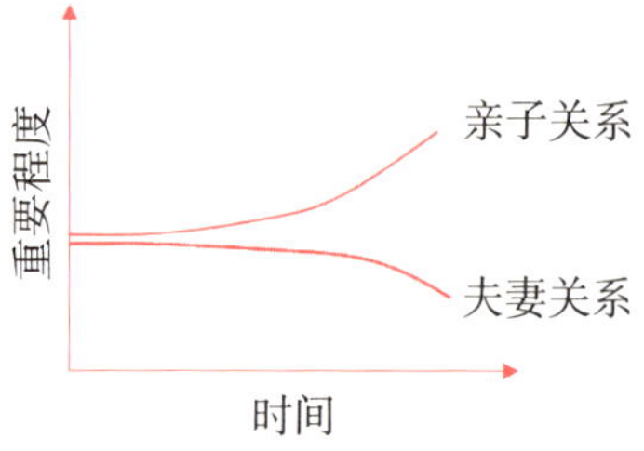

图2　亲子关系与夫妻关系的走势一

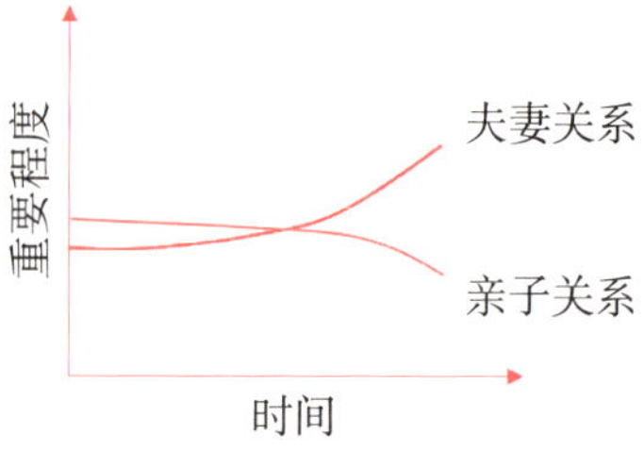

图3　亲子关系与夫妻关系的走势二

在肖慧的故事里，她与父母的亲子关系一直重于夫妻关系，并且发展走势也是如此（图2）。已经成年的肖慧在遇到任何生活难题时依然倚重父母来解决，长此以往，夫妻关系呈现不断走低的态势。这种关系发展规律同样适用于男性，过度依赖原生家庭的“妈宝男”也会导致夫妻感情不断走低。

而正常的关系曲线应该如图3所示。一开始，亲子关系重于夫妻关系，这是自然的，毕竟就血缘关系和陪伴时间而言，亲子关系一开始确实具有优势。

但在我们已经成年并且组建了新的家庭之后，我们应该将人生的重心逐渐转移到夫妻关系的经营上来，夫妻关系的重要性逐渐高于亲子关系，这才是适应未来的一种趋势。

2. 有依靠好还是没依靠好

年轻人成家以后，能有原生家庭依靠，确实是一件幸运的事。但一个人的依靠越多，成长得越慢，独立得就越晚。

第一次面对婚姻，和一个没有共同生活经历的人朝夕相处，注定不是一件容易的事。当遇到问题时，我们必须勇敢地直视问题、解决问题。

正如肖慧一样，习惯依赖父母的年轻人，可能一遇到问题就退缩到原生家庭的“避风港”，与其说是寻找慰藉，不如说是逃避问题。

夫妻二人，只要两人还在一起，只要还有机会沟通，问题就总会有解决的希望。而一旦两人处于回避不相见的状态，隔阂、误会只会越积越多。

曾经热播的电视剧《中国式离婚》中就描述了这种情况：女主一赌气就回娘家，男主独自在家，既要上班又要管孩子，在应顾不暇时经常接受对门女邻居的照应，一来二去，一些说不清、道不明的误会就此产生。

因此，对原生家庭的依靠是一把双刃剑。

很多无法依靠原生家庭的小夫妻在遇到婚姻中的问题时只能独立面对，无处可逃，反而能更快地成长。

失去依靠对很多心理未成年的“孩子”来说，确实有些残忍。但既然我们已经成年，又组建了自己的新家庭，就必须要面对属于自己的那一份责任，要勇敢面对与原生家庭“断奶”的阵痛。

如果能有原生家庭可以依靠，也要注意依靠的边界。可以请父母提供一些生活援助，但关于自己与伴侣的感情问题，最好还是夫妻俩一起想办法解决，而不要过于依赖父母。

把自己的情感创伤说给年迈且并不完全了解“伤情”的父母听，虽然能获得一些慰藉，但很可能也增加了父母对伴侣的敌意及对自己婚姻健康的担忧，最后反而把“轻伤”治成了“重伤”，甚至“癌症”。

除了一些反面案例，在现实生活里，与娘家乃至婆家关系都处理得当，大家、小家一起良性发展的故事也不少。处理好原生家庭关系，这需要我们的人际智慧及在大家庭中尽量秉持公正的原则。所以，虽然原生家庭会对我们的人生产生影响，但最终决定人生的还是我们自己。

接下来，我们给大家分析几个几代人和谐共处的案例。

永强和陈芳是我们认识的一对有智慧的夫妻。为了照顾孩子，夫妻俩只能与公公婆婆共住。婆婆很爱孩子们，任劳任怨，每天都准备了很丰盛的饭菜。只是有一点让陈芳不能适应，那就是一开饭，婆婆就不停地给全家人夹菜。起初陈芳因为婆婆的任劳任怨而不好意思拒绝，时间长了，陈芳实在感到难以忍受，就在与丈夫商量好的情况下，主动跟婆婆沟通："妈，谢谢您每次给我夹菜！以后您就只给他们几个夹吧，您看我是从小爸妈不怎么管的孩子，自由惯了，而且我不喜欢饭菜混在一起吃。您也别多想，我真的只是不习惯。"婆婆当时有些尴尬，事后一想，儿媳提的建议也有道理，于是刻意改变自己爱给人夹菜的习惯。后来孙子大了，她也习惯不给孙子夹菜了。有一天，陈芳的朋友看到她婆婆给儿子夹菜不给儿媳夹菜，向她打听是不是婆婆不喜欢她，陈芳只是莞尔一笑。

由于角色不同、家规不同，每个地区在社会与文化上的风俗不同，对同样的行为表现，妻子、丈夫、老人及其他外人的解读会不一样。不让这种差异成为矛盾的关键点在于：夫妻双方都把家庭和谐、稳定排在第一位。至于具体解决问题的办法，主要依靠积极、有效的沟通。

中央电视台综合频道于2022年正月播出了一部高评分电视剧《人世间》，其中一个简单却富有深意的镜头给我们提供了婆媳相处的典范。

平时关系还不错的周秉昆和郑娟两口子某天因为一些琐事产生了误解，吵了架，婆婆李素华发现了端倪。当郑娟在婆婆面前否认与丈夫吵架的时候，一向心疼儿子的婆婆却毫不犹豫地说："这肯定是秉昆不对，我得说他！" "娟儿，这天下没有不拌嘴的夫妻，把话说开了就好了，别往心里头去，别憋在心里头，容易憋出病来呢！……肯定是他（周秉昆）不好！”婆婆这样几句体贴而有智慧的话，瞬间消除了儿媳心中的委屈，也让儿媳开始反思自身的问题。经历这样一次小风波，婆媳关系、夫妻关系反而变得更加融洽。

女性大多比较感性，而家是讲感情多于讲道理的地方，所以婆婆和媳妇之间，少争论道理上的对错，多一些情感上的体贴，很多矛盾就会在萌芽初期化解。

下面是我们辅导过的一对夫妻的情况。

一位配偶去世多年的单亲妈妈独自抚养儿子长大，儿子从名牌大学毕业后找了一份高薪工作。就在老母亲津津乐道自己辛苦多年，儿子终于小有成就又孝顺的时候，儿子带回来一个漂亮、知性的女朋友。老母亲一下子心理失衡，感觉儿子背叛了她。好在两个年轻人经受住了一系列的考验，最终走到了一起，缔结婚姻。但是婆婆对这个儿媳的反感却一直未消除，儿媳不明白自己到底哪方面做得不好，同时对丈夫背着她给婆婆大笔的钱有意见。眼看孩子就要出生了，儿媳不想因为这种婆媳矛盾影响自己的心情，甚至影响到孩子的教育，于是找到了我们。在我们的启发下，儿子向我们和他的妻子讲述了母亲不容易的一生，坦诚地表达了他对母亲的心疼，当然，也表达了他对妻子的愧疚。

我们帮助这位妻子分析了婆婆对儿子的依赖情结，并帮她解读了他们三个人在家庭中的双重身份与角色："儿媳"与"妻子"，"婆婆"与"母亲"，"丈夫"与"儿子"。不同的身份与角色，对应着不同的责任和处事心态。从根本上来讲，这位婆婆反感儿媳其实与儿媳是什么样的人无关，不论哪个女人走进这个家庭，这位情况特殊的母亲可能都会有很强烈的反应。相比文化水平不高、与社会衔接不紧密的婆婆，作为认知能力更强的现代女性，妻子可以试着不对婆婆的言行过度敏感，而是怀着同理心去理解婆婆。或者，念在夫妻感情不错的份上，努力尝试爱屋及乌，将儿媳角色扮演得更到位。我们也提醒这位丈夫，在孝顺母亲的同时，也要体贴妻子，时时记得妻子的大度，如果妻子受到了来自婆婆的委屈，丈夫要从其他方面给予补偿。从辅导结果跟踪来看，现在这一家人相处融洽。

思考题

1. 你认为自己和伴侣的原生家庭对自己的婚姻有什么样的影响？
2. 你认为自己的小家庭对双方的原生家庭依赖程度大吗？
3. 如果觉察到原生家庭对自己的小家庭存在不良影响，你打算如何改变？

考题四

婚姻忠实

婚姻里的忠实是指夫妻双方在共同生活中维护婚姻关系的专一性和排他性。

首先，婚姻忠实应该是男女双方的情感选择，双方如果在情感上做不到唯一性、长久性，则完全没必要走进婚姻。

其次，婚姻忠实是一个道德义务，走进婚姻殿堂的男女双方，一般会公开作出“一心一意、白头偕老”的宣言。

最后，婚姻忠实是一项法律义务。《民法典》第一千零四十三条规定：“夫妻应当互相忠实，互相尊重，互相关爱。”

综上所述，忠实是婚姻关系的一项基本原则，夫妻双方或一方如果违背了忠实义务，不仅背叛了情感，还违背了道德，更触犯了法律。

婚姻中一旦有人做出破坏忠实的行为，就动摇了婚姻关系的根基。那么，具体哪些行为可以被视为对婚姻不忠实呢？

狭义上的对婚姻不忠实指的是性行为的不专一、不诚实，有出轨或婚外性行为。

从广义上来讲，夫妻中的一方恶意遗弃配偶或为第三人利益牺牲、损害配偶利益的行为，都可以被视为对婚姻不忠实。

特别需要注意的是，夫妻忠实义务强调男女平等，即不管是男方还是女方，一旦做出有违忠实的行为，就触犯了道德或法律。

关于忠实，我们面临三个考验：如何确保自己的忠实？如何确保伴侣的忠实？当婚姻中的一方出现不忠实的行为，该怎么走接下来的路？

出轨的代价

首先，我们来探讨最常见的一种不忠实行为，即出轨，以及其可能产生的风险和代价。

人们在进入婚姻后，依旧会面对很多婚外情或婚外性的诱惑，尤其是当一段婚姻关系本身不那么完美，出现各种瑕疵时，婚姻中的双方对婚外诱惑的抵抗力便会下降。

但出轨的代价很大。夫妻中的一方一旦出轨，既会毁掉夫妻之间的信任，又将背负道德的压力，还要承担一定的法律责任。

尽管如此，婚内出轨的情况依旧屡见不鲜。出轨者虽明知代价很大，但仍然心存侥幸，就像做小偷一样，第一次偷东西时，总是小心翼翼且抱着“不会被发现”的侥幸。而一旦第一次侥幸成功了，就会有第二次、第三次的“冒险”，冒险次数越多，越会上瘾。

但是，常在河边走，哪能不湿鞋？

就像盗窃惯犯终究会被送进牢房一样，出轨行为迟早也会被发现。尤其是在通信技术、网络科技极其发达的今天，一个人要想隐匿自己的行踪，几乎不可能。下面，我们将向大家介绍一些发生在现代社会的形形色色的被抓包的出轨行为案例。

A男是一名公务员，也是顶头上司的得力干将，仕途一片光明。A男的妻子是一位中学老师，儿子聪明可爱，家庭和谐稳定。

某年初，A男所在单位牵涉一起贪腐案，顶头上司被查办，反贪部门人员在调查该顶头上司的行踪时，也牵引出了A男经常作为顶头上司随从，有大量非正常出差和开房的记录。在公检人员的专业审查下，A男长达几年的嫖娼、出轨行为全部被曝光，陪着他的顶头上司一起上了新闻。

妻子经受不了晴天霹雳般的打击，直接病倒；儿子受不了学校同伴的嘲笑，辍学在家。一个原本和谐幸福的家庭，就这么被毁了。

B女跟一位男同事发生了婚外情，为了不被发现，两人每次都在私家车里偷情。有一天，B女开车出门，遭遇一起剐蹭事故，肇事车司机气势汹汹，B女打电话报了警，同时让老公前来救场。B女老公跟交警同时到达现场，一起查看行车记录仪。结果，大家一起看到了B女跟其他男人偷情的画面。

C男是一个5岁男孩的爸爸，在带孩子参加课后活动期间，认识了孩子幼儿园同学的妈妈，一来二往，两人之间的关系超越了普通朋友的界限。有一天，妻子提议全家人一起去某餐厅吃饭。5岁的儿子开心地说："我喜欢去那里吃饭，爸爸经常带我和璐璐还有璐璐妈去。吃完饭我跟璐璐玩，爸爸就和璐璐妈妈玩。"妻子本身就对丈夫的状态有所怀疑，听了儿子的话，直接爆发。

D女是一位公职人员，工作几年后，与领导发生了工作关系以外的关系。领导也没亏待D女，在工作中经常给她提供便利，破格提拔她，甚至托关系帮D女的儿子上了重点小学。而D女的丈夫，似乎一点都不怀疑妻子，逢年过节还提醒妻子带着礼物去给领导拜年。在很长一段时间内，D女很享受这种“丈夫顾家，情人给力”的“齐人之福”。有一天，D女为一些生活琐事跟丈夫发生了争吵，冲动之下提出了离婚。丈夫的反应却异常平静，他不慌不忙地说：“我等这一天已经很久了，别以为我不知道你干的那些丢脸的事，我早就收集好了证据，咱们法庭上见！”

还有更多出轨被抓现行的案例，在此不再赘述。可以说，婚姻里的出轨，只有已经被发现的或将要被发现的，没有例外。

只要是正常人类，都不太可能接受伴侣出轨。出轨行为一旦暴露，一般有两种结果：一种是直接爆发离婚大战，甚至还可能引发血案；另一种则较为平静，有些人在发现伴侣出轨后，不会直接爆发，而是忍辱负重、卧薪尝胆，然后在某个不经意的时刻，给出轨者致命一击。

当然也有部分出轨是在极其偶然的情况下发生的意外。事情被发现后，这类出轨者会诚心悔改。如果夫妻双方感情基础较好，又顾虑到家庭、孩子等因素，还是有可能继续维持婚姻关系。但情感的伤疤、背叛的阴影会长期存在，几乎很难做到和好如初。

出轨的条件

在我们的夫妻关系实训营及大量的婚姻问题咨询里，我们发现很多出轨行为的发生都有一定条件或背景。因此，我们总结了一些出轨现象背后的规律。

需要说明的是，我们接触到的前来咨询配偶出轨问题的，一般都是女性（因为女性更愿意表达或倾诉），且对应的都是男性出轨的问题，所以下面的内容更多的是以女性即妻子的视角来展开。但很多原则与道理，对于男性、女性都是相通的。

总结以往案例，根据出轨概率，可以将男性分为三类（该分类也适用于女性）：

A类，品格优秀、自控自律，出轨概率极低甚至为零，暂且称之为“优质A”。

B类，品行恶劣、纵欲无度，大概率会出轨，可称之为“劣质B”。

C类，排除A、B之外的普通人，人品不算绝对的坏，但也做不到百分之百的自律，这类人一般表现还好，但在某些特定条件下，也有可能出轨。我们称之为“普通C”。这种“有条件出轨”的普通C，在我们的咨询案例中占到70%～80%。

大多数人在刚进入婚姻时，对婚姻抱着美好的期待，将自己的伴侣想象成“一生只爱我一人”的优质A；走进婚姻以后，渐渐对伴侣失望，然后在某一天发现伴侣出轨，信心骤然轰塌，觉得自己不幸嫁了一个劣质B。

其实，绝大多数人类，无论是男性还是女性，都属于普通C，可以正常过日子，但也存在人性的弱点，经不起太多的考验。

除了极少数遇到优质A的幸运者，绝大多数普通人的婚姻都需要用心经营。因为普通人的婚姻，在一定条件下，都会面临出轨的风险。

那么具体有哪些出轨的条件呢？总结我们这些年接触到的咨询案例，有三点最值得重视：情感上的疏离、身体上的疏远、不良的社交环境。

以上三个条件，如果一对夫妻具备其中两个及以上，就极大可能会发生出轨行为。这里分享一个我们辅导过的案例。

李太太和李先生是大学同学，校园恋情很美好，毕业之后很快结婚。结婚几个月后，李太太怀孕了，新婚的甜蜜还没享受多久，小夫妻就忙着做父母，再加上工作的繁忙及生活里的鸡毛蒜皮，夫妻之间的争吵越来越多。

宝宝出生后，孩子和大人都睡不好，夫妻俩选择了分房睡，身体和心灵同时产生了距离。

家里的一地鸡毛还没收拾好，李先生的工作又发生变动，他被外派到另外一座城市工作，一年只能回家几次。

一次偶然，李太太发现了李先生出轨的证据。出轨对象是李先生的一位同事，类似小助理角色的年轻女子H。每天上班时间，H与李先生紧密配合，下班之后，H还对李先生嘘寒问暖，比合法妻子更加温柔、贴心，最终李先生没有经受住诱惑，与H建立了婚外同居关系。

李太太发现李先生出轨以后，万分震惊，李先生却觉得妻子小题大做，振振有词地说："我身边很多人都是这样的。"

李先生的职业比较特殊，是典型的"男女搭配"的工作模式，这个行业的婚外情概率确实比较高。

总结起来，李先生的出轨完全具备了出轨的三个条件：情感疏离、身体疏远、环境同化。

所以，普通人如果想避免婚姻发生出轨等重大变故，在经营婚姻时，要注意避免以下几个雷区。

1. 避免情感上的疏离

婚姻意味着适应，而适应一定需要互相磨合。和谐的夫妻，就像两个齿轮一样彼此啮合。如果夫妻两人都坚持自我，不肯作出一点妥协和改变，两人的关系就像两个独立的铁环，很难拴到一起，一不留神就会滚远。

所以，夫妻之间有磕碰很正常，遇到问题要积极面对、积极沟通、及时解决。如果采用回避、"冷战"甚至"热战"等消极的方式，分歧会加剧，矛盾会恶化，最终就会导致情感疏离、身体疏远。

2. 避免身体上的疏远

有些夫妻两地分居是由工作导致的，身不由己。也有些分居是人为原因，比如赌气。

新生儿的到来促使夫妻分床、分房睡的情况很普遍。但这种分床只是权宜之计，不宜长期。因为一旦两人适应了分床，再在一起同床共寝就会出现不适应的情况。

夫妻关系与其他任何关系的不同，本质就在于它的亲密感。若没有近距离的接触，就谈不上亲密。另外，成年人白天都在忙工作，忙各种琐事，真正能有效进行情感交流的时刻，往往也是晚上同床共寝的时光。而夫妻分房不仅会导致身体上的疏远，还会导致交流的减少、情感上的疏离。

所以，除非分床睡是夫妻俩达成的共识，彼此都感觉分开更好，否则在一般情况下，最好不要让分床、分房成为常态。

3. 避免不良的社交环境

结婚不仅仅需要了解一个人，还要了解他的成长环境和生活圈子。

所谓“近朱者赤，近墨者黑”，无论是孩子还是大人，都需要慎重选择社交环境。那么该如何了解伴侣的社交环境呢？

首先，夫妻二人结为一体之后，有必要让彼此的朋友圈存在一定交集。妻子落落大方地参加丈夫的朋友聚会，丈夫坦坦荡荡地把妻子介绍给自己的同事、好友，这才是比较常态的婚姻。

在电视剧《中国式离婚》里有这样一段情节：男主邀请身为全职妈妈的女主一起参加公司的宴会，女主因为不自信、赌气，拒绝陪同前往。男主阴差阳错地跟另一位女性朋友一起步入会场，被同事和领导们当成了夫妻，从此产生各种误会、纠缠不清。

其次，夫妻在日常交流中，也可以聊聊彼此的领导、同事和朋友圈。当发现伴侣身边有其他非正常交往的异性出现，尽早警示、远离。婚姻中的两个人，既需要独立，又需要交集。当然，这不是说一方就应该时时刻刻监控另一方。归根到底是一个“度”的问题。如何确定这个“度”？夫妻双方可以在恋爱或结婚之初，一起商讨决定。

做完前面的分析，假设现在有人不幸遭遇伴侣出轨，该如何决断？

最重要的是鉴别枕边人是不是前文提到的劣质B。

劣质B的判断方式不难，首先看他是否具备出轨的条件，如果不具备出轨的条件，依然主动创造条件出轨，大概率就是劣质B。

就好比我们在2021年接触到的一个案例，妻子美丽贤惠，家庭和谐美满，丈夫完全没有出轨的条件却还是出轨了，理由是“生活太平淡，婚姻没激情”。这是典型的劣质B的思维。

其次，要看出轨的概率。如果出轨一次是偶然，出轨两次及以上就必然是劣质B。

如果不幸遭遇劣质B，基本上可以放弃幻想寻找退路了。

如果老公只是普通C，有条件出轨，那么问题还有解决的可能。

配偶出轨，该不该离婚？这是我们做婚姻咨询时经常被问到的一个问题。其实离婚与出轨之间没有必然关系，有些夫妻没有出轨的问题也离婚了，有些夫妻发生了出轨的问题也不一定会离婚。

即便是同样的故事发生在不同的人身上，一些人适合离婚，另外一些人就不适合离婚，因为每个人的离婚力是不一样的。在本书的后半部分，我们会专门分析离婚问题，此处不再赘述。

性的考验

和谐的性生活是婚姻关系良好的一个基本保证。

有关数据显示，71%的男性出轨和49%的女性出轨，都是因为夫妻性生活不和谐导致的。那么，什么叫和谐的性生活呢？

饮食男女，食色性也。无论是男性还是女性，都有正常的生理需求，就好比饿了要吃饭，渴了要饮水。当婚姻中男女双方的生理需求都能适时满足、供需平衡时，性生活才有可能达到和谐状态。一方需求旺盛，另一方也有旺盛的需求；或者一方需求低，正好搭配了另一方的低欲望。这都是一种平衡。反之，需求旺盛的一方如果搭配了欲望冷淡的一方，那就无法保持平衡了。

性需求的不平衡，除了少部分是因为生理原因，比如体质疲弱、生理缺陷，大部分是由情感因素导致的。

大家可以回忆一下自己跟伴侣的热恋期和新婚蜜月期，是否曾经体验过美满和谐的性生活？如果答案是肯定的，而后面又走向了不和谐，那么大概率就是由情感因素导致的（偶尔的生理疲惫除外）。

婚姻里琐碎的矛盾、争吵，经过经年累月地累积，会渐渐消耗掉夫妻感情，夫妻之间进行性生活的兴趣也会随之降低。人类是有情感的高级动物，在性生活这件事上，往往是需要情感注入的。当情感变淡，“性”趣也会变淡；当情感转移，“性”趣也会转移。

当夫妻感情变差、婚内性生活不和谐时，性需求被转移到婚外，就会发生出轨行为，破坏婚姻忠实。这是相当一部分婚姻破裂的主要原因。

当然，夫妻感情的好与坏总是波动变化的，偶尔的矛盾和争吵不能说明什么。但是，如果你感觉到夫妻感情已经坏到不能维系正常的夫妻性生活，那么就需要警惕了。如果不能及时修复感情，恢复正常的夫妻性生活，发生出轨行为的概率就会不断提升。

打个比方，家里经常吵吵闹闹，氛围不好，但只要回家还有饭吃，很多人尚且能忍。但如果在家里连肚子都填不饱，那么大概率只能出去觅食了。

很多婚姻中的男女在对伴侣产生不满时，会采用分居或不满足对方性需求的方式来报复、要挟对方，这其实是在给婚姻埋雷。

还有一类夫妻性生活不和谐是生理原因。性需求跟饮食需求一样，存在一定的个体差异，就好比有人一顿吃两碗饭，而有人只能吃一碗饭。当差异达到严重的供需不平衡就会出现问题，更不用说部分人存在先天性的性功能缺陷。

如果一个人面对着这样的婚姻，需要认真思考：除了性，这个婚姻还会给自己带来什么？或者除了性，我还能给这个婚姻带来什么？

下面，再与大家分享几个案例。

A女士跟丈夫因自由恋爱结合，起初感情很好，性生活也和谐。结婚几年后，丈夫的事业越来越忙，加班、熬夜非常频繁，带来的后果就是体质不断变差，夫妻性生活的频率越来越低，A女士在婚姻中的性需求越来越得不到满足。A女士曾感到苦恼，但看到丈夫是在为家庭奋斗，在其他方面的表现也合格，是一位称职的丈夫和父亲，因此A女士愿意暂时牺牲自己的“性”福来维持这段婚姻。

B女士在大学里经历了一场痛彻心扉的失恋，很多年都没有恢复对爱情的信心。后来随着年龄渐大，在家人的催婚压力下，B女士通过相亲认识了一位同样单身多年的男性，双方接触了两个月就进入婚姻。婚后两人共同生活了一段时间，B女士发现自己与丈夫在很多方面都格格不入，“三观”、性格都难以磨合，同时，丈夫的生理需求很弱，不能与自己维持正常频率的性生活，夫妻关系越来越冷淡。B女士深思熟虑之后，认为这段婚姻、这位伴侣不能带给自己任何想要的东西，最终选择了离婚。

A女士和B女士的决定，都是理性而明智的。无论是面对人生，还是婚姻，一个人最大的成熟就是知道自己最想要的是什么。很多时候，我们得不到所有，但能得到最想要的就已经足够了。

> L先生跟妻子因自由恋爱结合，起初感情不错。结婚几年后，妻子怀孕。生产期间，妻子的身体经历了一些损伤，再加上坐月子期间没休养好，身体素质急剧下降，“性”趣也大大降低。L先生感到有些不满，但考虑到妻子当前的状态情有可原，再加上家有幼子需要照顾，L先生并没有想过离婚。有一次出差，L先生在同事的诱导下，头一次尝试了有偿性服务。回家之后，L先生小心掩饰，妻子也似乎没有觉察。不久之后，L先生又尝试了第二次，妻子依旧没有察觉。此后，L先生在婚外的性行为便一发不可收拾。但常在河边走，哪能不湿鞋？终于有一天，妻子发现了丈夫出轨的证据。几番大吵大闹之后，婚姻摇摇欲坠。

L先生如果非常重视自己的性需求，大可以开诚布公地跟妻子沟通，共同面对问题、解决问题。其实，无论是生理因素还是情感因素导致的性生活不和谐，都有补救的余地。

既然已结为夫妻，性就是逃不开的一个话题。所以，在这里提醒婚姻中的夫妻双方，别羞于谈性，感觉到性生活不和谐或没有被满足，要尝试与伴侣沟通，积极向另一半表达自己的需求。

身体可以慢慢调理，情感也可以慢慢修复。即便婚姻关系中的有些问题始终解决不了，也可以体面地选择结束。而出轨，让一切都变得不再体面，让很多婚姻断了“修补”的后路，加速地奔向“死亡”。

如何面对伴侣的出轨

得知伴侣出轨的那一刻，会是什么心情？这种心情，就像听到家里有人出了车祸，晴天霹雳，痛彻心扉！

出轨，就是婚姻出了严重“车祸”。即便不“死”，也会遭到重创。

所以，当你得知伴侣出轨时，你的愤怒、惊颤、痛苦，是完全可以被理解的，你需要找地方宣泄。只是宣泄完之后，你要低头看看脚下的路，只要活着，就还要继续往前走。

当然，在继续行走的过程中，少不了反思：为什么会发生这种事情？究竟是他的错，还是我的错？

人们常说婚姻里很多事情没有对错，但出轨绝对是错的。因为忠实是婚姻的原则和底线，一旦出轨，就是绝对的犯错。

人跟动物之所以不同，就是有道德和法律的约束，如果你控制不了自己的原始冲动，就不要走进婚姻，或者先从这段令你不满意的婚姻里走出来再说。

作为受伤害的一方，如果你已经遭遇了伴侣的出轨，自我反思也很重要。

面对出轨这种重大变故，最忌讳两种情况：一种是完全不反思自己；另一种是将问题过度归咎于自己，陷入极度自卑的情绪。

任何事情的发生，都是由内因和外因一起促成的。第一层内因，是出轨者自身的内因，即出轨者的人格、“三观”、性情等因素。第二层内因，是被出轨的一方在婚姻中存在着致命的弱势或缺陷。而外因则是夫妻关系之外的外部环境因素。

面对伴侣出轨的第一层内因问题，你基本很难解决。如果想继续这段婚姻，只能从提升自我和改善外部环境着手，做一些尝试和努力。

但你必须明白的是，即便你尽了最大的努力，让自己成了满分的伴侣，对方依然还是有出轨或犯错的可能。如果事实果真如此，你也不要因此否认自己的努力和价值。无论未来你与谁在一起生活，你的每一分努力都是值得的，如果你因为一次受伤，能让自己变得更好、更强，这个更好、更强的你是谁也无法剥夺的。

面对一段出轨的婚姻，究竟该如何做抉择呢？这主要由价值或实力（能力和财富等）决定。婚姻里，伴侣双方的实力情况有四种模式，与此对应，有四种面对出轨时的选择。

1. “我强他弱”模式

“我强他弱”模式即在婚姻中你的实力更强，对方实力较弱。

对方虽然出轨，但他比你更依赖这段婚姻，比你更不想离婚。而你刚好相反，对婚姻没有绝对的依赖，具备完全独立生存的能力。

那么在这段婚姻关系里，你就能掌握主动权，你可以义正词严地让对方为自己犯下的错误做出实质性的补偿，并对婚姻中的行为划定底线，甚至让伴侣签署忠实协议，约法三章。

如果对方心口不一、一错再错，你可以毫不犹豫地离开。

值得注意的是，很多人在婚姻里都存在一种“我强他弱”的错觉：生活琐事上处处强势，嘴上得理不饶人，而当对方选择离开时，自己毫无独立生存能力。

真正的强大是可以坦然接受婚姻里最坏的结果，即失去现有的婚姻、伴侣，依然能够独立生存，并且活得不错。

你可以接受这个最坏的结果吗？如果能，你就是真正的强大！

2. “他强我弱”模式

对于“他强我弱”模式，出轨方无论是在能力上还是在心理上都占据优势地位；遭遇婚姻背叛的一方，无论是精神还是经济都不独立，面对的现实是“虽然他很坏，但我却离不开”。而出轨的那一方有可能以一副“我错我有理”的姿态面对你。

如果你的婚姻处于这种状态，这对你非常不利。即便你忍耐、妥协，甚至讨好，对方可能还是不尊重你，甚至进一步伤害你。

最好的办法是暂时妥协于现实，但别让情况变得更糟，同时卧薪尝胆，尽最大的努力提升自己，逐渐摆脱对对方的依赖。

当遭遇婚姻中的背叛，而自己又在婚姻中处于弱势地位时，必须尽力提升自己的实力，让自己的内在和外在都不断升值、加分。直到有一天，你的实力与他比肩，让他对你刮目相看；直到有一天，他能真正尊重你的人格，在乎你的感受。

也许，那一天永远不会到来。因为很多出轨者永远不会洗心革面、重建“三观”。但那时候的你，已经不必恐惧什么、依赖什么了。你可以理直气壮地跟他谈判，对他说“不”。即便放弃这一段被玷污的婚姻，你也能承受。

3. “双强”模式

“双强”模式是指婚姻中的双方势均力敌，都很强势。同时，双方都在经济、人格上十分独立，对这段婚姻没有特别的留恋和依赖。

那便不如当机立断、一拍两散，谁也不必委屈自己。

不过，作为受害方，理应在离婚官司里为自己争取最大的权益。即便决定要离婚，也不要草率行事，建议先咨询律师，做好妥善的准备。

千万不要整天叫嚣“离婚”，却没有实质行动，等真正要离的时候，发现对方已经转移了财产，毁灭了证据。

4. “双弱”模式

这个模式中的“弱”其实是相对的。在一段婚姻里，如果双方都高度依赖这段婚姻、依赖彼此，没有勇气和实力结束婚姻重新开始，就可以被定义成“双弱”模式。

这种情况下，最好的选择是重修旧好，一起努力挽救婚姻。

至于具体怎么挽救，还有很长的路要走，这也是我们夫妻关系实训营的主要内容。由于双方在主观动机上都愿意维持婚姻，在这种模式下，婚姻修复的可能性最大。

但一切都是在发展变化中的。

我们不能排除随着时间的流逝、际遇的变化，“双弱”模式会逐渐演变成“我强他弱”模式或“他强我弱”模式等。

那时候，又需要重新审视自己的选择了。

绝大多数人在走进一段婚姻时，追求的是情感与价值的双赢，即“我俩既相亲相爱，又互利互惠”。

网上曾有过这样的争论：究竟是爱情（情感）重要，还是面包（价值）重要？

其实，在正常的婚姻里，爱情和面包密不可分，就好比一块硬币的正反两面。

出现问题的婚姻，往往至少是情感与价值这两者之一出现了缺失：没价值的情感不能长久，没情感的价值交换也令人生厌。

“我们既相爱，又让彼此更好（共同的价值增长）”，这样的婚姻才算美满。

而婚姻中一旦发生出轨行为，情感已遭遇危机，甚至濒临死亡，剩下的考量因素就是价值，这也是为什么在前面的分析里，我们将双方的价值（实力）对比作为预判未来的核心要素。

总体而言，价值是一个更可控、更稳定的因素。即我们可以通过控制自己来提升自己的价值，而且一旦获得某些价值，也不容易失去。

而情感是双向的，是一个不完全可控的因素，容易随着世事变迁而发生变化。

在现实生活里，因为年龄、性格、“三观”及其他因素的影响，人们对于情感和价值存在着不同的选择倾向：

情感至上者会说：“只要他还爱我，我愿意接纳他的一

切。”（看重对方的情感）

情感至上者还会说：“虽然他伤害了我，但我依然爱他。”（看重自己的情感）

价值至上者会说：“虽然我跟他没感情了，但我要依靠他养家糊口。”（看重对方的价值）

价值至上者还会说：“我想拥有足够的价值和实力，去选择我自己想要的生活。”（看重自己的价值）

现实中，每一种选择都存在，每一种选择也都有可能帮助维持一段婚姻关系。

与婚外异性交往的界限

婚姻里的一些不忠或出轨行为，很少是骤然发生的，大多都有一个循序渐进的过程。在这个过程里，如果夫妻双方或一方比较敏锐、谨慎，事态就不会发展到无法收拾的地步。

在现代社会，任何人都避免不了跟配偶以外的其他异性交往。如果一个人对于配偶与异性的交往过于敏感，也会被说成小心眼，引发很多不必要的烦恼。

所以，婚姻中的男女跟其他异性的正常交往是可以接受的，关键在于交往行为要保持一定的界限和尺度。

曾经有一位女性朋友小杜找我们咨询，说她老公单位有个年轻女同事，跟小杜住同一个小区，因为自己没车，每天搭乘老公的私家车上班，路上来回两个多小时，这种情况已经持续一段时间了。小杜说，一想到老公每天跟其他异性同进同出，心里总感觉不是滋味，想跟老公提出反对意见，又怕老公取笑自己小心眼。

“你说我有这种想法，是不是真的小心眼？毕竟我老公人品还算不错。”小杜说。

前些天，还有另一位叫Lisa的网友抱怨老公小心眼。因为Lisa经常去前男友经营的餐馆吃饭，Lisa的老公就有很大的意见。Lisa说当初跟前男友是和平分手，分手之后依旧还是好朋友，之所以去前男友餐馆吃饭，只是为了照顾朋友的生意。

“我从没有做过越轨的事，我自认为是个很合格的妻子。”Lisa说，“我就想不明白自己的老公，一个大男人，居然如此小心眼。”

婚姻里，如果一方因为男女关系问题出现小心眼，常常对应着另一方某些行为没界限。

任何人际交往中，都需要保持一定的界限，也可以称之为“分寸”。

婚姻关系是以忠实为基础的。出于对婚姻的尊重及瓜田李下的避嫌，在与伴侣以外的异性交往时，把握好分寸尤为重要。但每个人自带的分寸感是不尽相同的。你的一尺，可能就是我的一寸。所以，我们很有必要探讨一个标准的界限，使得伴侣双方都有一个行为参照。

这个界限怎么确定呢？心理学家对人际界限、距离做过一些研究。

第一个界限：空间距离

美国学者霍尔根据对美国白人中产阶级的研究，提出了以下四种人际距离的概念：

①公众距离（3.6~7.5米或7.5米以上）。

正式场合或公众场合沟通时的人际距离。保持3.6～7.5米的距离，说话人与听话人有问题或思想待解决或交流；7.5米以上的距离，一般是一对多的单向沟通，比如演讲。

②社交距离（1.2~3.6米）。

彼此认识的人之间的距离。商业交往的人际距离多在这个距离范围内。

③个人距离（0.45~1.2米）。

好朋友之间的距离。此时，人们在交谈时可以感受到大量的肢体语言信息。

④亲密距离（0~0.45米）。

父母与子女之间、夫妻之间的沟通和交往距离。在此距离范围内，双方可以感受到对方的气味、呼吸、体温等私密性刺激。

成年人在与伴侣以外的异性交往时，安全的界限是保持在社交距离及以外，即大于1.2米。

第二个界限：心理距离

人与人之间的心理距离，主要靠交往（或交谈）过程中的自我暴露程度来判定。自我暴露的广度和深度是人际关系深度的一个敏感的探测器。心理学家们为此做了以下分层：

第一层：无自我暴露。即两人在交谈时，只谈公共性话题，比如天气、城市等。不展示任何私人的一面。

第二层：暴露情绪爱好。比如饮食习惯、业余爱好等。

第三层：暴露对他人和事物的态度。比如对某个人的看法，对某些事情的评价。

第四层：暴露自我情绪和个人人际关系状况。比如自己的家庭出身、自卑情结和家人的关系等。

第五层：暴露隐私。比如一些隐秘的话题，一些个人不为社会或其他人接受的想法。

自我暴露层次越高，关系越亲密。普通朋友关系，一般最多暴露到第三层。而一般熟人之间，最多暴露到第二层。

多方面证据表明，如果婚姻之外的男女关系想要避嫌，在交往过程中，自我暴露程度一定不要超越第三层。

一对男女同事一起出差，旅途中免不了要聊天，聊完天气聊工作，然后再聊聊同事关系，这些都可以接受。

如果再进一步，聊起个人感情问题，互相吐槽自己的伴侣，这就越界了。

第三个界限：时间

除了空间距离和心理距离，还有第三个考量界限的因素——时间。

前面我们谈到，如果异性之间一直保持安全的身体距离（社交距离及以外）和心理距离（自我暴露层次不超越第三层），那么这种两性关系是绝对有分寸的，不会对婚姻产生冲击。

但在现实中，总难免有意外发生。比如在特殊情景下，空间距离近了一些，是不是就一定要被归罪？还要看这类情况发生的频率。

如果只是在特殊情景下偶尔发生的越界，问题倒不大。但一个人如果经常性地、长期性地出现超越社交距离的行为，那就怪不得被伴侣猜忌了。俗话说：“事不过三。”

一个人如果真的在乎伴侣的感受，在偶尔发生一次越界之后，就会懂得及时调整。即便不考虑伴侣的感受，为了避免引起其他异性的错觉，给自己增添不必要的麻烦，也要懂得及时收敛。

当然，有人会与伴侣之外的异性建立起亲厚的好朋友关系，类似于蓝颜知己或红颜知己，这类关系是否可以超越社交距离，达到个人距离或亲密距离？

我们再探讨一下婚姻之外的男女友谊问题。

从现实案例分析来看，婚姻以外的异性关系，如果有超越一般朋友关系的亲密友谊，无论是蓝颜知己还是红颜知己，很多都是一厢情愿的。

另外，从我们做过的情感咨询案例来看，如果婚姻外的男女能做亲密朋友，至少关系中的一方可能抱有某种隐秘的期待，一直在默默付出。

所以，已婚的成年男女要维系婚姻外的特别亲近的异性友谊（一般朋友除外），成本和风险都挺高，既要随时提防情感越界，又要担心双方伴侣的猜忌。尤其是曾经的恋人，双方心底都保留着亲密接触的印记，做所谓的“好朋友”，难免会让婚内的伴侣猜疑。

一个人若想好好生活，最好的方式是珍惜当下，面向未来。不要让过去的关系影响到现在的关系。

所以，我们对Lisa的建议是，如果她还在乎现在的婚姻，就不要再去前任的店里，甚至不要再跟前任有任何联系。好多婚姻“翻车”，都与前任有着千丝万缕的关系。借用某位情感博主的一句话：“如果所有的前任都老死不相往来，世界将变成美好的人间。”

回头再看小杜的疑虑。从身体距离来看，乘坐同一辆私家车是超越社交距离的，尤其是如果女同事坐副驾驶，已接近个人距离。至于自我暴露的层次，因为小杜的老公和女同事每天同坐一辆车，上下班路上有两个多小时，交谈的内容分寸并不是太好把控。能确保两人每天只聊几小时的天气和工作吗？这是个问题。

一对男女在私密空间长期近距离相处，确实会存在亲近感不断加深的可能。所以，小杜的担忧不无道理。无论是从空间界限还是从时间界限而言，小杜的先生跟女同事的做法都存在风险。

当然，如果因为特殊情况，同事之间偶尔搭几次顺风车，倒也无伤大雅。但最好不要让搭车的异性坐副驾驶的位置。

尤其值得一提的是，有些职业由于工作上需要紧密配合，男女同事之间特别容易超越空间距离和心理距离，比如医生和护士。这也是某些行业出现婚姻危机的概率格外高的原因。

如果你或你的伴侣恰好处于这样的行业，需要刻意注意与异性同事之间保持心理距离，同时也要特别注意拉近自己跟伴侣的心理距离。

婚姻里确实存在一种人，当发现伴侣与任何异性发生联系时，都会心生不悦、惶恐不安，哪怕他们的行为没有超越界限。比如一听说伴侣要与异性出差就紧张，吃饭时看见老公给婆婆夹了一块肉就难受，这才是真正的“小心眼”。

一个人在婚姻里过度小心眼，主要缘于自身的安全感和价值感不足。婚姻里的安全感，部分需要伴侣给予，而更多的是需要自己给自己提供。如果一个人觉得自己足够强大，足够有价值、有魅力、受欢迎，就不会总是担心被人抛弃。

婚姻里也还存在另外一种人，即明明知道自己行为越界，却不愿意收敛。这样的人，也许就没想过要踏踏实实地维系一段婚姻。

婚姻里更多的人，就是因为无聊、好奇，所以才乐意去玩这类界限模糊的暧昧游戏。对于这一类人，最需要记住一句话：常在河边走，哪有不湿鞋？如果小心眼的伴侣能让你悬崖勒马，那是你的福气。

忠实的不对等

从人类社会的发展历史来看，忠实的要求在婚姻中是不对等的。

过去，已婚男性可以纳妾，这并不会被视为对妻子不忠。相反，婚姻中的女性若稍有越轨行为，即被世人唾弃，甚至被处以极刑。

生产力决定生产关系，生产关系决定其他社会关系。在生产力水平落后的时代，相对于女性，男性在体力上占有优势，因此在生产关系和社会关系上都占有优势。在几千年的父权社会中，女性一直被视为男性的附庸，其主要作用被认为是生产子嗣。

随着现代文明的进步、生产力的发展，女性能发挥生儿育女以外的作用，也可以创造大量社会财富，由此，女性在婚姻中的地位得以逐渐提升。

但是，因为女性的社会价值始终会受生育这一功能的束缚，大部分女性在婚姻中的经济地位仍然相对较弱。女性在十月怀胎到哺育幼儿的时间段里，势必会脱离社会一段时间，很难全力以赴地创造社会经济价值。这也是为什么在现代人的婚姻中，发生不忠行为的以男性居多。而有一部分女性，面对不忠实的伴侣，基于经济方面的考量，选择了忍辱负重。

所以，想要拥有稳定的婚姻关系，最好与配偶在经济能力或综合实力方面达到势均力敌的程度，只有这样，婚姻里的权利和义务才可以做到对等。

在当前社会，随着生产力的不断进步，个体创造经济价值的能力不断提升，无论是男性还是女性，都具备较强的独立生存的能力，不一定非要跟人“搭伙过日子”。因此，在婚姻中放飞自我的人越来越多，愿意忍辱负重的人越来越少。维持婚姻的忠实和稳定性就越来越难。日益增多的婚内出轨现象，以及越来越高的离婚率，都印证了这一点。

但是，无论社会物质文明进步到什么程度，拥有一个忠实的伴侣和一段稳定的婚姻始终是一个人的毕生追求，也值得去追求。因为人始终是社会性动物、情感性动物。

一段稳定、可靠的亲密关系（夫妻关系）给人提供的是保底的安全感，越在人生至暗时刻，这种关系越显得难能可贵。

随着年龄增长，当一个人的社会功能开始弱化，最终的港湾和归属还是家庭。而在家庭关系里，父母和子女都不能陪伴终老。而能不离不弃、相濡以沫的只可能是忠实的伴侣。

很多人在年轻气盛时，会致力追求权力、荣誉、财富和激情，而没有把婚姻和家庭看得那么重。

可是，花无百日红。很多人等到繁华落幕、光耀不再时，才意识到需要一个温暖的家庭做港湾，但往往已经太迟了。

思考题

1. 你的婚姻是否面临忠实的考验？
2. 如果你的伴侣对你不忠实，你认为原因是什么？
3. 为了保障婚姻的忠实，你认为自己需要做哪些方面的努力？

考题五

家庭财务

生产力决定生产关系，经济基础决定上层建筑，这是社会发展的一条普遍法则。而家庭就是一个微缩的社会，也遵循同样的准则。夫妻双方的生产力水平、经济基础对婚姻关系具有决定性的作用。

鲁迅写过一篇爱情小说《伤逝》，这也是鲁迅写过的唯一的一篇爱情小说。《伤逝》讲述了一对“五四”新青年子君和涓生，为了追求自由与爱情，冲破世俗藩篱，不顾原生家庭的反对，率性租房同居，过起了二人世界。同居以后，子君做起了家庭主妇，而涓生逐渐对子君的碌碌无为感到不满。但不久之后，涓生也失去了工作，两人没了任何经济来源，生存都成了问题，爱情逐渐在两人之间减退并消失了。最终，两人选择了分手，子君回到了父母的家，在一个“无爱的世界”中不到一年就病逝了。

鲁迅在这部小说中提出了一个非常具有现实意义的观点：“……只为了爱——盲目的爱——而将别的人生的要义全盘疏忽了。第一，便是生活。人必生活着，爱才有所附丽。”

所以，为了更安全的爱，每个人都需要好好考虑经济问题。

在思考婚姻关系里的经济问题时，可从两个层面进行：

第一个层面，在选择伴侣、组建婚姻时，如何评估伴侣及自身的经济状况。

第二个层面，男女双方进入婚姻之后，如何构建稳定的经济关系及做好合理的家庭财务管理。

选伴侣，经济基础有多重要

当我们刚开始选择伴侣、打算组建婚姻时，要考量的因素非常多。我们可以把所有因素分成两类：第一类是经济因素，包括伴侣的家世基础、收入水平、资产等；第二类是非经济因素，包括品格、才能、性格、外貌等，我们可以用“人品”一词进行简单概括。

一个人的人品跟他的经济能力存在一定的关系，但又并非完全同步。

这里分享一个很典型的案例。

男方出生于苏北农村，但天资聪明、勤奋好学，高考考到北京的重点大学，毕业后顺利留京并且很快在工作中展露才华，获得了较高的经济收入，几年后在北京买房买车，打下了较好的经济基础。女方毕业于师范院校，容貌靓丽，经人介绍与男方相识，双方都很满意，相识不到半年便拿了结婚证。婚后，女方为了追赶男方的步伐努力学习，考上了重点大学的研究生。在外人眼里，这是郎才女貌、相当登对的一对夫妻。然而结婚不到五年，孩子不满两岁时，这对夫妻却分道扬镳了，直接原因是男方出轨。

其实，男方的出轨行为并不是偶然。婚前女方就发现过他手机上的暧昧信息，但当时女方对这段婚姻只有憧憬。男方已经为婚姻奠定了很好的经济基础，并且对女方出手也大方；女方家里负担太重，很需要这样经济能力强的伴侣给予援助。因此，男方稍加解释她就选择了相信。后来，男方在女方读研期间开始出轨网友和女同事，女方多次规劝、原谅，男方都没真正改掉这个恶习。

庆幸的是，女方在经济上并没有完全依赖男方，研究生毕业后，她找了一份薪资不错的工作，因此婚变对她的伤害还不算是毁灭性的。

在选择婚恋对象时，我们可以将经济因素和人品作为两个参数，画一个象限图（图4）。

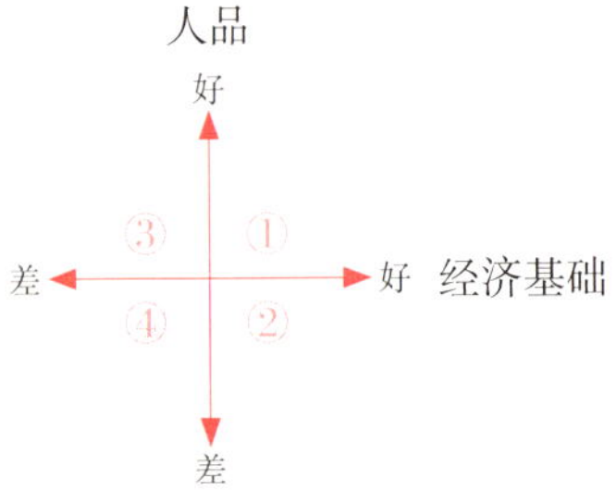

图4　经济因素与人品象限图

如图4所示，第①象限是“经济基础好+人品好”的双好模式，如果婚恋对象同时满足这两个关键因素，可以说非常理想了。但是，如果对方具备如此优越的条件，他们的择偶标准相应也会很高。

如果我们想寻觅第①象限婚恋对象，首先要提升自己的实力，达到与目标对象旗鼓相当的水平。否则，即便与一位理想伴侣结合了，婚姻之后的失衡危机也随时会发生。

第④象限是“经济基础差+人品差”，可以说这是最为劣质的婚恋对象，是需要首先排除的选项。但这一类人，同样也会大量地谈婚论嫁，也有很多婚姻中的男女抱怨伴侣就是一无是处的第④象限婚恋对象。但为什么仍然会有人选择他们？原因无非是两种：识人不清，条件相当。

下面再探讨争议最多的第②象限婚恋对象或第③象限婚恋对象，这是大多数普通人可能面临的矛盾选择：在经济基础和人品不可兼得时，究竟该更看重哪一个？已有的经济基础可以保障现在，人品则影响到未来的保障，所以要看你选择婚姻时主要着眼于现在还是着眼于未来。两种选择都有利有弊，关键在于进入婚姻之后如何去经营。

如果优先选择了经济基础，同时夫妻双方的人品不至于太差，那么利用已有的经济基础，提升彼此的硬实力、软实力，用心经营，让夫妻关系升温，让家庭资产保值增值，生活也可以过得平安、顺遂。

如果优先选择了人品，夫妻双方一起勤俭持家，努力奋斗，也极有可能创造出一个美好光明的未来。

如果选择了经济基础，却只贪图一时的安逸富足，不为未来做长远打算，那么夫妻感情也将随着财富的减少而逐渐耗尽。

如果选择了人品，却不能忍受当下的清贫，不能坚持跟伴侣一起奋斗，那么这段婚姻可能等不到光明的未来。

无论怎样选择，命运的方向主要掌握在自己手里。你有多强的生存实力，有多少处理关系的智慧，就有多少幸福的可能。

该不该要伴侣的工资卡

在人民生活已经普遍达到小康水平的现代社会，绝大多数婚姻都能建立在一定的经济基础之上，绝大多数进入婚姻的成年人也都有创造经济收入的能力。结婚以后，如何管理和经营小家庭的资产成了影响夫妻感情和家庭未来的重要因素之一。

下面，我们分享一个案例。

> 燕妮刚结婚不久就对婚姻失去了信心，原因是刚结婚，燕妮就急切地让丈夫上交工资卡，而丈夫迟迟不肯同意。在本该新婚燕尔的蜜月期，燕妮就为丈夫不愿上交工资卡与丈夫吵了好几次架。
>
> 因为没能掌握家里财政大权，在夫妻二人世界里，燕妮对于花钱方面的问题十分敏感，认为既然对方不给自己工资卡，家里的花销就应该由对方承担。有一次两人出去吃饭，丈夫没有主动买单，燕妮就冷嘲热讽了一番。过生日时，丈夫送的礼物很廉价，燕妮又找朋友吐槽了一番，全天对老公冷脸。
>
> 结婚不到一年，两人就都感觉生活过不下去了。

燕妮的案例不是个例。走进婚姻之后，管理好工资卡是家庭财务管理最重要的一环。但过于急切地想要掌管另一半的工资卡也会出现问题。

那么究竟如何把握这个度？

这是一个心态问题。你是想通过婚姻让自己变得有钱（通过结婚找一张“终生饭票”，实现脱贫致富），还是想通过有钱让婚姻更幸福（通过有效管理家庭资产让小家庭更加稳定、富足）？这是两种截然不同的心态。

燕妮的心态应该属于第一种。她出身于一个清贫的家庭，从小就羡慕那些生活富足、经常有漂亮衣服穿的同龄人，于是就萌生一个念头：等自己长大了，有钱了，一定要好好满足自己。

终于等到长大成年，燕妮可以自己赚钱了，但一个月工资也就几千块，生活依然拮据。后来燕妮有幸结识了一个薪水比自己高几倍并且对自己非常温柔、慷慨的男友，燕妮的身心得到了极大的满足，很快就与男友谈婚论嫁。她以为结婚以后，自己可以掌控的财富会更多，以往未曾满足的消费愿望就都可以尽情满足了。但老公不仅迟迟不愿交出工资卡，在婚姻生活里也不像恋爱时那般对燕妮慷慨、宠溺。燕妮的心理落差极大，每天就冲丈夫爆发负能量。丈夫也感受到燕妮的心理状态的变化，他发现以前心中那个娇俏可人的女孩其实是一个唯利是图的女人，对燕妮的爱意大大消退。

类似“要工资卡”的故事发生在另一个妻子茹冰身上，又是另外一个结局。

茹冰在结婚之后相当长的时间里都没有过问丈夫的工资卡，因为茹冰自己工资收入也不低，完全可以满足自己的日常消费。遇到较大的家庭支出，丈夫会主动掏钱。结婚一年后，夫妻俩经过商量，一致决定换一套大一点的房子。为了早日实现换新房的目标，茹冰跟丈夫做了一个深入的家庭财务分析，包括每个月家庭消费大致多少、能存多少、理财收入多少、离理想中新房的价格差距有多少及怎样才能快速实现换房目标等，茹冰分析得井井有条，丈夫也十分认同。再加上一段时间共同生活的基础，丈夫觉得茹冰确实是个会过日子的靠谱的妻子，于是主动将工资卡和存款和盘交出，将家庭资产完全归拢，交给茹冰统一掌管。

茹冰也没有辜负丈夫的信任，认真打理家庭财富，每隔一段时间，就在“夫妻卧谈会”上与丈夫分析现有的财务状况，畅想还有多久才能实现目标。过了几年，两人欢欢喜喜地换上了满意的新房，婚姻幸福指数又迈上了一个大的台阶。

从以上两个案例可以看出，虽然很多人结婚后都期望拿到伴侣的工资卡，成为家里管钱的人，但因为每个人面对婚姻的心态不同，管理工资卡的动机不同（无论如何隐藏，另一半都能感觉到你的真实动机），最终的结果也完全不同。

结婚后，谁来管钱

除了少部分想通过结婚变得有钱的动机不纯的人，大部分正常走进婚姻的男女，都会把良好的夫妻关系和幸福的家庭作为婚姻的主要目标。那么结婚后的钱财问题，应该为这个目标服务。

因此，结婚后“谁来管钱、怎么管”都应围绕实现小家庭的共赢目标来决定，而不应该变成一种“权力之争”。

在评估婚姻中“谁来管钱”这个问题时，需要考虑多项因素。

首先，管钱是一项重要的责任。在家庭中，负责管钱的那个人应该具备很强的责任感——“我有责任通过科学的管理、用心的理财规划，实现家庭财富的增值，让全家人过上更好的生活”。

一个只贪图个人享受的人，不适合管钱；一个认为家庭前途无所谓、得过且过的人也不适合管钱。

其次，管钱是一项能力。如何开源节流，如何将家庭资产保值增值，这需要一定的财务头脑。空有一颗责任心而没有实际的管钱能力，管钱就会管得很辛苦，结果也会很糟糕，甚至让家庭财富亏空或流失。

在夫妻关系实训营里，我们曾接触的很多负责管钱的家庭主妇，不够理智，盲目投资，造成几十万元甚至上百万元的家庭财富损失。

最后，管钱的权利要与义务对等。诚然，掌管家庭财政大权是一项很重要的权利，但任何权利都要与义务对等。具体需要承担哪些义务，我们可以以一个公司里财务总监需要承担的职责作为参考。

知识拓展

某公司在招聘财务总监时提出的岗位职责要求如下：

①负责财务管理体系建设，包括财务核算体系、资金与预算管理体系、财务监督与分析体系、内部控制体系等，并对有效性进行监控。

②负责财务管理制度的总体设计和质量控制，包括统一会计制度、财务制度等。

③负责外部财务报告的质量控制及内部分析报告的体系的督导和质量控制。

④负责财务信息化建设的督导和完善，持续发挥其功能作用和提高使用价值。

⑤负责公司总体纳税筹划的监督、监控，持续降低税收成本，使公司享受税收优惠政策，减少涉税风险。

⑥负责督导与银行、税务等外部单位和部门的关系维护和协调工作，处理重大往来事项。

⑦负责会计档案的整理归档、借阅和调用等管理工作的

督导，保证会计档案的安全、完整。

⑧参与公司重大经营决策的制定和分析，进行经济效益论证，提供合理化建议。

⑨参与公司的经营分析会和其他专项会议，提出管理建议和意见。

作为一个家庭的“财务总监”，相应地，也有一定的权利和义务，简单总结如下。

1. 建立家庭财务制度

花钱、记账、储蓄、投资都需要制度化。这些制度可以由家庭的“财务总监”主导设计，但必须获得伴侣和家人的认可。

2. 设立财务目标并规划实施路径

管钱或攒钱的目的是什么，有哪些长期目标或短期目标？这需要夫妻俩认真探讨。如果夫妻中的一方没有明确的想法，那么作为家里管钱的人，要有一定的方向，要预估家庭未来可能发生的大额花费（孩子、房子、车子等），并提前做好资金上的储备，这样才不至于事到临头才发现“囊中羞涩”。

3. 记账并定期向伴侣汇报家庭财务状况

既然管钱，就要承受类似“钱都花到哪儿去了”“为什么只存了这么一点钱”的质问。面对伴侣的审核或质问，要拿出自己记录清晰的记账簿作为依据。

4. 对家庭存量资产做好理财投资，让家庭资产尽可能安全地升值

管钱并不是“把钱拿在手里，然后再花出去”这么简单。花钱要花在实处，存钱也要获得合理的收益率。投资理财是一项专业技能，既需要一定的天资禀赋，又需要大量的后天学习。

综上所述，管钱既需要责任心，也需要能力，有多大权利就有多少义务，并不是由自己的主观意望或欲望来决定，不是谁想管就能管。

几种常见的家庭财务模式

究竟谁来管钱？怎么管才合适？不同的家庭存在不同的方式。

第一种家庭财务模式：由夫妻双方中的一方统一管理

这种家庭财务模式需要以夫妻中的一方具备前文所述的管钱责任心和能力，并在获得管钱的权利的情况下能够承担相应的义务为前提。

我们来看一个非常成功的案例。

王丹是一位负责管钱的妻子，她具备很强的责任心和较

好的投资头脑。丈夫也对她放心，结婚后不久，就主动上交了工资卡。

王丹首先跟丈夫一起设定了共同目标——两年后生孩子。生孩子以后，会面临较大的家庭花费及王丹个人收入减少的问题，这都需要王丹提前做好财务规划。

于是，王丹首先归拢了双方的存款，再通过一段时间的收支记账，算出了每个月工资收入在满足基本消费后的结余，并进一步推算出需要多长时间家庭才能储备到足够的资金来养儿育女。

丈夫希望尽可能早一些要孩子，因此王丹进一步提出了开源节流的计划，尽可能提前完成家庭财务目标。

设定财务目标以后，就要制定家庭财务制度。王丹在每个月给丈夫多少零花钱、给家庭多少消费预算、存款多少、投资多少等方面都制订出清晰的方案。

两年之后，家庭财务目标初步实现，王丹也顺利地怀上了宝宝。因为孕产期间的花费如月嫂费、保姆费都提前储备得很充足，王丹度过了一个相对舒适的产假。休完产假之后，王丹就顺利重返职场，继续为家庭资产增值添砖加瓦。

几年后，家庭的资金储备更加富足，孩子的教育问题也更需要重视，在夫妻双方商议一致的前提下，王丹辞职做了全职妈妈。在做全职妈妈期间，王丹专门学了投资理财知识，由她掌管的家庭存款投资收益已接近王丹此前的工资收入。

然而，失败的案例也有不少。

李曼结婚之后很顺利地拿到了丈夫的工资卡，获得了家庭财政大权。但李曼是个消费主义者，基本都拿两人的工资来消费或旅游，婚后的二人世界，一度过得多姿多彩。因为觉得自己还年轻，所以夫妻俩对于生儿育女都没有明确的规划。

一年之后，李曼意外怀孕，纠结了一段时间，夫妻二人决定把孩子生下来。因为妊娠反应较为严重，李曼只能辞去工作。

宝宝出生后，因为没有足够的储备资金雇月嫂、请保姆，只好请婆婆过来帮忙照顾。跟婆婆共同生活期间，产生的矛盾自然不少。观念传统的婆婆尤其看不惯媳妇既不挣钱还大手大脚花钱的习惯，经常在儿子耳边嘀咕，让他收回自己的工资卡。

婆媳矛盾逐渐演变成夫妻矛盾，家里经常鸡犬不宁。曾经追求个性自由的新潮女青年，逐渐活成了一个怨妇。

总结以上两个案例，由夫妻双方中的一方统一管钱，决定成败的因素主要有三点：第一，管钱者的动机是立足于家庭的幸福和成长，还是满足于个人消费；第二，管钱者是否具有足够的责任感及相应的管钱能力；第三，管钱者是否具有能力引导伴侣一起制定未来的财务目标。

第二种家庭财务模式：夫妻双方分开管理自己的收入

分开管钱，即夫妻双方各自掌管工资卡并且独立存钱。

随着现代社会女性参与社会经济活动的比例提升，以及大家对独立性的追求，分开管钱也越来越成为一种趋势。

分开管钱对婚姻的影响有利有弊。夫妻双方的心态、财商及婚姻关系里的其他因素决定了“分开管钱”对婚姻的影响究竟是正面的还是负面的。下面，我们依然用两个案例来说明。

叶玲和陈兴是大学同学，毕业之后两人留在同一个城市工作，后来逐渐发展成了恋人关系，在各方面条件成熟之后，两人走进了婚姻。

夫妻俩都处在事业上升期，工资收入都不低。两人也一致决定暂时不要孩子。对于工资卡由谁来管理，双方都没有特别的要求，就保持着各自管各自工资卡的习惯。

日常生活里的共同消费一般是谁方便由谁承担。稍微大额的花费，两人有时也会商量着一起出钱。叶玲的消费水平适中，在保证生活品质的前提下，每个月的工资卡还有一定的结余，她给自己建了一个理财账户，个人存款也在慢慢增长。陈兴因为工作忙，花钱的时间更少，大部分收入就留存在工资卡里，几年下来也累积了相当的金额。

某一天，两人饭后一起散步到一个房屋中介，看中了一套比现有住房更理想的户型，夫妻俩都产生了“换一套房子”的念头。于是夫妻双方一起盘算了各自的存款，发现合并起来的资产离换房子的目标并不遥远。这时候，夫妻俩提出了建立一个“共同买房账户”的想法。鉴于叶玲时间较为充裕，又有一定的理财经验，于是将共同账户开在了叶玲的名下，银行联系电话则留的是丈夫陈兴的手机号码。

双方的工资卡依然由各自独立管理。双方约定每个月将各自工资收入的60%、奖金的90%存入共同账户。每个月到了发工资的时间，叶玲会提醒丈夫往共同账户转钱。

三年后，共同账户里已经积累了不少的资金，夫妻俩便卖掉旧房，添上共同账户的存款，如愿换上了新房。

买房的目标达成了，夫妻双方又一起商议了新的共同目标——生孩子。所以，夫妻双方依然遵守夫妻共同账户的约定。

夫妻俩都对这种方式很满意，“分开管钱+共同账户”的做法既保留了各自的财务独立性，又不会耽误小家庭的成长。

永伟和慧莹是收入不低的白领阶层，两人通过相亲认识，然后进入婚姻。婚后，双方都没提谁管钱的事，默认是“各管各”的方式。

永伟是个爱好交际的男人，工作上的应酬很多，所以每个月开销很大，工资所剩不多。

慧莹勤俭持家，一直在用心攒钱，但慧莹有一个在同一所城市上大学的弟弟，弟弟的生活费基本由慧莹承担。

结婚一年后的某一天，夫妻俩开车自驾出游，遭遇了一场不大不小的车祸，人虽然没事，但车辆损毁严重，事故处理完后，夫妻俩都认为最好重新换一辆新车。但在谁掏钱买车的问题上，夫妻俩发生了争执。

慧莹认为老公开车时间更多，买车的费用应该由老公全出。永伟则认为新车将是夫妻俩共同享用，应该各出一半。

慧莹嘲笑永伟不像个男人，工作几年连一辆车钱都攒不下来。永伟则指责慧莹是“扶弟魔”，把钱都花在了娘家，而把老公当成外人。

争吵了几回，新车没买成，夫妻感情也出现了裂痕。

从慧莹的案例来看，即便夫妻分开管钱，也不能失去夫妻共同目标。如果夫妻俩都只考虑自己的谋划，就成了真正的“同床异梦”了。

另外，无论谁来管钱，都不能违背“夫妻双方婚后收入属于夫妻共同财产”这一法律原则。在采用“分开管钱”模式时，如果像慧莹一样，要将钱花在小家庭以外的地方，需要征求伴侣的意见。同时，像永伟这种对自己的生活消费缺少自律的人，不适合管钱。有义务才有权利，有自律才有自由。

而前一对夫妻叶玲和陈兴，虽然也分开管钱，但分钱不分心，并没有滥用自己的婚后收入，并且有共同账户和共同目标做保障，所以婚姻关系能稳定维系。

全职妈妈是否应该掌握财政大权

现代人在结婚生子以后，夫妻中的一方放弃事业，回归家庭，选择做一名全职妈妈或全职奶爸，是一种越来越普遍的趋势。相比而言，全职妈妈的比例比全职奶爸更大，但下文所述的道理，同样适用于全职奶爸。

由全职妈妈掌管家里的财政大权确实有一定的合理性。

首先，虽然全职妈妈失去了自己的工资收入，但为家庭所做的贡献也很有价值，也应该有一份“工资”来兑现自己的付出。国家和社会不能给全职妈妈发工资，那么只有丈夫来兑现全职妈妈的价值了。丈夫能够不受家庭和孩子的束缚去专心赚取工资收入，离不开全职妈妈为家庭的付出。因此，丈夫的工资收入本身就有全职妈妈的贡献在里面，理应有她们的一份。

其次，全职妈妈有更多时间来照顾家庭，从客观条件上来说，全职妈妈也更可能成为家庭的“内务总管”和“财务总监”。而上班的丈夫往往工作繁忙，没有太多时间照顾家庭和管理自己的财务。丈夫把收入交给她们统一管理，也是卸下了自己身上的一副担子。

最后，全职妈妈需要更多的安全感。工资收入的消失会让部分女性失去安全感，容易产生心理危机。让全职妈妈掌管家庭财政，可以给她们更多安全感，也有利于家庭和谐。

以上三点，说明全职妈妈“更具条件”来掌管家庭财政大权。但这个条件并不是“充分条件”。

落实到具体的每个人身上，某一位全职妈妈究竟是否适合管钱，还要考虑前文所述的几项因素：是否具有足够的责任感，是否具有管钱能力，是否能做到权利和义务对等。

在我们的夫妻关系实训营里，我们接触到不止一个全职妈妈管钱失败的案例。

乐蓉在有了孩子以后辞职做了全职妈妈，因为家境富裕，丈夫收入很高，家里还请了保姆、钟点工。因此，乐蓉的全职妈妈生活过得比较多姿多彩，除了一部分时间陪孩子，还有更多时间去健身、美容及学习。

家庭存款和丈夫的工资卡一直由乐蓉掌管。看着银行卡上不断上涨的数额，乐蓉开始主动学习投资理财。在学完某个网课之后，乐蓉着急小试牛刀，投资了5万元，半年后获得20%的收入回报，远超银行利息。

乐蓉信心大增，没想到投资赚钱这么容易。不久之后，她在网上认识的一位“老师”的推荐下，又买了60万元的理财产品。乐蓉以为十拿九稳，就没去征求丈夫的意见。

谁知不到半年，投资平台爆雷，老板跑路，乐蓉投进去的60万元血本无归。

乐蓉备受打击，非常惶恐，最终没能将投资失败的事瞒过丈夫。丈夫心疼自己的血汗钱打了水漂，给乐蓉扣上了“败家女人”的帽子，同时收回了家庭财政大权，每个月只给乐蓉一点基本的生活费。

乐蓉管钱失败的主要原因有两个：一是能力不足；二是缺少沟通。

全职妈妈即便是做了家庭的“财务总监”，也不能把夫妻共同财产当作个人财产随意处理。最好对日常开销做好记账，对于大额投资或花费，一定要事先征求丈夫的意见。

下面，我们再介绍一个全职妈妈掌控家庭财政大权的成功案例。

文玲是一位全职妈妈。丈夫在一家知名大企业工作，收入很高，但工作压力巨大，加班和出差是家常便饭。文玲怀孕以后就辞职做了全职妈妈。当时，夫妻二人住在某一线城市的一个很小的房子里，考虑到将来有了孩子空间不够，文玲提出了换新房的想法，但丈夫完全没有时间和文玲商讨该想法，只说了一句“你看着办”就又投入加班中去了。

文玲只好挺着孕肚，开始了看房、选房之路。每天通过网络了解房产资讯和置业信息，每周至少看三四套房子。功夫不负有心人，文玲终于看到了一套合适的二手房，通过计算，卖掉现有住房再加上家里的存款，付该房的首付款绰绰有余。

但一手卖房、一手买房的操作存在很大的风险，文玲的丈夫表示完全没精力去折腾。

文玲只好自己耐着性子与中介反复协商，与房主反复沟通，最终抓住了时机，签署了一个“买房+卖房”的连环合同。在孩子出生前，文玲一家顺利地搬进了三居室。

因为文玲选的这套三居室地段好，一两年之后，房子就迅速升值。某一天，文玲跟丈夫计算了一下，发现新换的这套房子几年以来的升值金额超过了丈夫一年的工资收入。

文玲的丈夫大大赞赏了妻子的眼光。

经过这次成功的投资，文玲也对买房置业有了更浓厚的兴趣。有一年，丈夫获得了一笔非常丰厚的年终奖，文玲在征得丈夫的同意后，又在老家（某省会城市）的核心区投资了一套小户型。

结婚十年，文玲当了九年全职妈妈，赶在房价还没有暴涨的形势下，陆续投资买了三套房。

如今的房租收入已经可以基本覆盖家庭日常消费，而几套房子的资产增值，相当于将丈夫的收入翻了一番。

而人到中年的丈夫，身体状态也在不断下降。文玲总是宽慰丈夫："如果撑不下去了，就不要勉强。现在手里的房子和其他资产足够养老。"

文玲这个全职妈妈当得非常有价值，她用自己的勤奋和智慧，为整个家庭筑起了一道财务安全墙，也保障了自己和丈夫的下半生。

赚钱重要还是家庭重要

最有效提升经济水平的方式就是投入到一份有前景的事业中，赚取可观的收入。道理很简单，当一个人走进婚姻组建了一个新的小家庭时，观念就可能发生改变，尤其是在有了孩子以后。

"如果伴侣的收入很高，高出自己很多倍，自己还有必要在职场上拼搏吗？"

“如果家庭和孩子需要人照顾，自己还能够为事业投入很多精力吗？”

在我们的夫妻关系实训营，有很多女性朋友前来咨询类似问题。答案并不唯一。

首先，经济关系决定家庭关系，这是一条普遍适用的法则。一个人如果要在婚姻中赢得尊重，占据一定的话语权，最好是具有较强的创造经济价值的能力。

即便是因为家庭和孩子的需要，自己不得不暂时退出职场，你至少要在职场锤炼过自己的能力，展示过自己的才华。等到某一天，你想重启事业时，就可以比较容易地找到自己的事业平台。

我们在进行全职妈妈的案例研究时，发现一条规律：大约有40%的全职妈妈对自己的生活满意度挺高，她们即使不上班，依然活得有地位、有尊严，安全感和幸福感都很充足。大约有60%的全职妈妈，安全感和幸福感明显不足。

安全感充足的全职妈妈对自己有能力自信、价值自信。这一类妈妈在做全职妈妈之前，往往在职场上的表现也很优秀。

“做全职妈妈，是我的个人兴趣，而不是因为在职场上失败了。”

“如果哪天不想做全职妈妈了，我随时可以找到新的事业平台。”

还有一部分优秀的全职妈妈，即便退出职场，也在照顾孩子的间歇，发展出了自己的新特长和新事业。

而安全感不足的全职妈妈，有部分是因为对能力不自信才退出了职场，还有部分是因为退出职场、能力减退而变得不自信。

方芳是我们接触过的一个较为极端的案例。

上大学时，方芳结交了一位高她几届的男友。男友毕业后进入大企业工作，收入颇高，对方芳也很慷慨。方芳读完本科之后，不太想出去找工作，于是接着去读了几年研究生，研究生毕业后，考虑到双方年龄都不小了，方芳就与男友结了婚。结婚以后，方芳追随丈夫去了一个新城市，求职之路不太顺利，很多意向单位提供的工资还不到丈夫薪水的N分之一。再加上不适应上班路上的奔波，方芳尝试了一两回就干脆不找工作了。她打算就留在家里做一个等丈夫回家的小女人。丈夫忙于自己的事业，也没提什么反对意见。

所以，作为一名毕业于重点大学的研究生，方芳几乎没有上过班，没有任何职场经历就过起了全职主妇的生活。过了两年，方芳有了孩子，公公婆婆搬来同住。方芳整日被家务琐事缠身，更是上班无望。

随着时间的推移，方芳越来越感觉到自己家庭地位的下降。尤其是婆婆，总是不时流露出“你全靠我儿子养”的优越感。她有点后悔自己的选择，想去体验一下外面的世界，但一个毕业若干年、工作经验为零的全职妈妈，想找到合适的工作机会，比当年硕士研究生刚毕业时难上一百倍。

更关键的问题是，方芳没有经历过职场的锤炼，意志力非常弱，有些困难想一想就退缩了。最终，方芳也没有勇气向自己的事业迈出第一步，只能永远蜷缩在家庭中，忍受着地位越来越低的没有安全感的生活。

几年前，我们还结识了南楠和她的丈夫大伟。

南楠毕业于某重点大学，原本在一家外企有着待遇不错的工作，后来陆续有了两个孩子，双方老人帮不上忙，几经权衡之后，南楠选择了辞职照顾家庭。公公婆婆及丈夫大伟都把南楠的辞职看作对家庭的牺牲，心怀感激之情。辞职之前，夫妻俩各自掌管工资卡并且设立了共同账户。南楠辞职以后，婆婆对大伟说："你媳妇原本挣得不比你少，是因为要照顾孩子才没了收入，所以你得把工资交给媳妇管理。"大伟爽快地把工资卡交给了妻子，共同账户也由南楠全权管理。

南楠从此就成了全职妈妈兼家庭"财务总监"，她对辞职后的生活进行了认真规划。考虑到两个孩子都还年幼，丈夫工作又忙，南楠聘请了一个育儿嫂协助自己。自己也在繁忙的家务中挤出时间，每天坚持锻炼身体及阅读和学习，身心都得到了有益的调节。

三年后，丈夫大伟就职的公司遭遇了业绩大幅下滑，大伟面临被裁员的可能，更糟糕的是，大伟的身体也出现越来越多的毛病。

夫妻俩认真沟通之后，南楠决定让丈夫辞职回家调养一段时间，自己则重新找工作。因为南楠的资历不错，全职期间也没停止学习和成长，几个月以后，南楠就找到了一份合适的工作。大伟则按计划辞职，踏实做起了全职奶爸。南楠有了工资收入，就把家里的财务大权交给了大伟，大伟利用带娃间歇做投资理财，日子过得也还算充实。

通过以上两对夫妻的案例来看，如果夫妻俩能力相当、齐心协力，在两人构建的夫妻关系共同体里，家庭和事业是可以达到平衡的。相反，如果夫妻双方实力差距过大，或者夫妻中的一方完全依赖于另一方生存，则家庭和事业早晚会失去平衡。

当然，所谓“实力”，其实包括很多方面。情商高，能给他人提供良好的情绪价值，这是一种软实力；赚钱能力强，能为家庭创造财富，这是一种硬实力。

无论是出去工作，还是辞职照顾家庭，都不要忽视自己实力的储备或能力的增长。

最后，用“二胎妈妈圈”微信公众号里的一段文字作为本章小结：

你可以选择稳定的工作，但不能停止成长，要具备可以随时更换工作的能力；

你可以选择不工作，但也不能停止学习和成长，要具备可以随时重返职场的能力。

思考题

1. 你的家庭目前是什么样的财务模式？你认为这样的财务模式健康吗？
2. 你认为自己适合管钱吗？适合或不适合的原因分别是什么？
3. 你觉得应该如何提升自己在家庭财务方面的安全感？

考题六

生儿育女

生儿育女是非常重要的人生大事。按照公序良俗，生育行为应该发生在合法婚姻之内。诞生于合法婚姻之内的孩子，会有更好的成长保障。所以生儿育女的问题最好与婚姻一起结合考虑。

一个人如何看待生儿育女的问题，即一个人的生育观，也是人生观的一部分。前面的内容里已经论述过，结婚最好选择“三观”一致的对象，这其中就包括生育观的基本一致。

在一些人的人生观里，认为人活一世，必须要生儿育女，实现血脉传承；而在另一些人的人生观里，生育孩子并不是必选项。一些人认为有一个孩子就够了；而另一些人则对孩子的数量和性别都有一定的期望。

在生活方式越来越多元化的现代社会，我们不去评价一个人生育观念的对错。但进入婚姻的男女双方有必要保持生育观念的一致。

有很多思想成熟的男女，在尚未进入婚姻时就对生育问题考虑得足够清楚了，也跟恋人达成了共识。这一类人在进入婚姻之后，关于生育方面的分歧和矛盾就会比较少。

还有一些伴侣双方的生育观都不稳定、不成熟，就更谈不上观念一致。在进入婚姻之后，夫妻俩很容易产生有关生育方面的矛盾。

甚至还有极少部分人，在进入婚姻之前就意外有了孩子，然后不得不奉子成婚。这样的婚姻，隐藏的“暗礁”更多。

你的情况属于哪一种呢？

如果你正好面临这方面的烦恼，好好回想一下，自己在进入婚姻时有哪些准备不足之处。

除了“生”的问题，关于如何养育和教育孩子，每个人的观念也有所不同。

在我们的夫妻关系实训营，大约有30%的夫妻在生育观念上存在严重的分歧。另外有60%～70%的家庭，夫妻二人对于如何养育孩子和教育孩子也存在较大的分歧。

在本章中，我们将阐述生育问题和养育问题对于婚姻的影响。

孩子对于婚姻的意义

在谈到孩子对于婚姻的意义之前，请你思考一下：孩子对于个人的意义是什么？

如果抛开婚姻，抛开另一半的支持，你还会想要一个孩子吗？我们相信，有不少人的答案是肯定的。

生儿育女，是极其重要、极其精彩又极富挑战的一项人生体验，而每个人的人生只有一次，如果少了这项相当重要的体验，难免会有遗憾。

另外，孩子意味着新生和希望。每个人都会经历衰老和死亡，但孩子每天都在生长。抚养一个孩子，参与一个新的生命的成长，可以说是对抗岁月忧虑的最有效法宝。

孩子对于婚姻的意义也近乎如此。婚姻就像是夫妻两人组团旅行，如果一路上没有了新的目标，看不到新的风景，婚姻也就失去了生气，变成一潭死水。没人喜欢将日子过成一潭死水。

如何保持婚姻生活中持久的希望和成就感呢？事业？兴趣？玩乐？或者其他激情？

对于绝大多数普通人而言，生儿育女是最容易实现的、能让生活充满持久希望的一种方式，这也是很多人明知育儿辛苦也要努力做父母的原因。

生活再辛苦，也胜过没盼头。

以上所述，是大多数普通人的思维模式或生活方式。但不排除还有一些特殊情况，比如，“我就不喜欢孩子，不想要孩子”“我觉得孩子可有可无”“我觉得自己没能力要孩子，我对自己做父母没有信心”，或者由于种种生理上的问题，部分人失去了生育能力。

只要不违法，每个人的观点和信念都值得尊重。问题是，当个人信念与伴侣的信念产生矛盾，当个人幸福与婚姻幸福发生冲突时，该如何解决呢?

你愿意为了维持婚姻而改变自己的生育观念吗?

你有勇气为了坚持自己的人生信念而放弃一段婚姻吗?

这并不是容易回答的问题，大多数普通人会陷入左右为难的境地。这也是为什么我们要不断学习和成长的原因。

夫妻双方生育观念不一致怎么办

有些夫妻在刚进入婚姻时没有对生儿育女的问题考虑清楚，没有达成一致的意见。还有一些夫妻在进入婚姻之后，随着时间的推移，客观条件和主观意愿都发生了变化，原来基本统一的生育观念逐渐出现了分歧。

比如，有很多夫妻原本只打算生一个孩子，但随着国家二胎、三胎政策的陆续开放，夫妻中的一方产生了多要一个孩子的想法，而另外一方依然坚持只生一个孩子。有些夫妻一开始打算多养育几个孩子，然而在生了第一个孩子以后，感觉困难重重，压力很大，就放弃了再生一个的想法，而夫妻中的另外一方的感受又不尽相同，依然想多生几个。还有一些夫妻，一开始打算丁克到底，然而在结婚若干年之后，夫妻中的一方的观念发生动摇，而另一方却不想生活发生改变。

遇到生育观念出现分歧，需要思考两个问题：

（1）是个人意愿更重要，还是夫妻关系更重要？如果你把个人意愿放在夫妻关系之上，并且有能力不依靠伴侣去满足个人意愿，那么你完全可以坚持个人意愿。

（2）夫妻双方的分歧点在哪里？有没有可能通过努力改善客观条件和主观意愿，一点一点地消除分歧，促使夫妻二人的生育观念达成一致？

下面，我们将通过几个案例来具体阐述不同的人面对婚姻中的生育分歧是如何处理的。

第一个案例是华川自己的故事。

> 我当年跟川爸结婚时，在是否生孩子的问题上没有分歧，我们认为肯定得生。但在具体生几个的问题上，我们并没有考虑清楚，而是抱着“走着看”的态度。
>
> 生育第一个孩子给我们的婚姻生活带来了很大的影响，因为缺少育儿经验，养育过程非常艰辛。所以川爸觉得只生一个就够了，能养好这一个就很不容易了。但随着大宝年龄渐长，我想生二胎的愿望却越来越强烈。

我想生，川爸不想。这就产生了矛盾。虽然生二胎的愿望非常强烈，但我还是更看重我跟川爸的夫妻感情。我并没有因为他的反对去跟他争吵、赌气，也没有想过通过牺牲这段婚姻来实现自己的生育愿望。

我采取的方式是一边反复跟川爸沟通，一边做各方面的努力和准备，逐步消除川爸“养不好二胎”的疑虑。

比如，川爸担心养二胎精力不够（他工作压力大，抚养大宝的过程已令他身心疲惫），我向他承诺我可以承担养育二胎的绝大部分任务，不给他增加压力。他担心育儿人手不够。我提出了请老家亲戚帮忙或请保姆等几种方案。他担心经济压力大。我跟他一起盘算了家庭资产情况和现金流情况，提出了“量力而行”的养育方案。在我的方案里，养育两个孩子的支出依然在家庭可承担的范围内。

慢慢地，川爸不那么反对了。而且大宝想要一个弟弟或妹妹的愿望也非常强烈，加上双方原生家庭的鼓励，最终川爸同意再生一个孩子。在大宝四岁半时，我们如愿生下了二宝。

后来我也兑现了自己的承诺，二宝的到来并没有给川爸增加过多的压力。怀二胎的整个孕期，我都是独自去医院产检。从二宝出生到上幼儿园阶段，我请了一个住家保姆协助我一起照顾孩子和处理家务。川爸该加班就加班，该出差就出差，生活没受太大影响。由于二宝的成长相对顺利，并且非常聪慧可爱，川爸也越来越觉得生二胎是一个明智的决定。

下面，我们再来看另外一个故事。

尹曼是一位年近40岁的职场高管，儿子读初中，一家三口的生活也算和谐。随着二胎、三胎政策的相继放开，尹曼的丈夫产生了“再生一个孩子”的想法。但尹曼提出了“不想再生”的三个理由：第一，自己年纪大，工作压力大，身体状态也不佳，再生一个孩子的风险很大；第二，丈夫的事业发展不稳定，不能独自一人为家庭提供经济保障；第三，大宝正处于青春期，需要父母用心教育。

夫妻俩商量了很多次，始终无法找到更好的方案来消除尹曼的疑虑。第一，年龄问题是无法更改的事实；第二，家庭经济需要尹曼支持；第三，儿子的青春期叛逆是刻不容缓的问题。

客观事实都摆在那里，尹曼对生二胎的反对并不是意气用事。

生儿育女是一件人生大事，孩子生了就不能“退货”，所以绝不能意气用事。

最终，尹曼的丈夫只能接受现实。毕竟，目前的家庭关系、夫妻感情都还不错，为一个不确定的未来而去破坏现有的幸福，大家都觉得不值得。

以上两个案例都算是正面案例。在我们的夫妻关系实训营中，也有很多结局不那么完美的故事。

白竹是通过相亲认识丈夫的，又在亲友的压力下闪婚。婚后，夫妻感情一直很一般，夫妻二人的事业发展都不太顺利，家庭经济状况一般。有了女儿以后，白竹的精力跟不上，情绪一直不佳，工作状态越来越差。

好不容易熬到女儿上幼儿园，丈夫提出要生二胎，而且是必须再生一个儿子的想法，白竹自然是坚决反对。

夫妻俩各执己见。丈夫觉得没儿子的人生就是失败的人生；妻子觉得如果再生二胎，自己的人生就会被毁掉。

丈夫骂妻子懒惰、自私，妻子怪丈夫没有责任心，夫妻关系岌岌可危。

终于有一天，丈夫在与异性同事出差时，借酒浇愁，倾诉不幸，并与其发生了出轨行为。

白竹非常气愤，又自责应该早点满足丈夫生二胎的意愿。

在夫妻关系不好、婚姻基础本身不牢固的前提下，生儿育女确实是一件有风险的事。

很多夫妻在觉察到夫妻关系出问题的情况下，想通过生孩子来巩固夫妻关系，这种操作能成功吗？

有可能成功。孩子确实可能给婚姻带来新的能量，增强夫妻双方的责任感。

但失败的可能性也很大。因为养育孩子是一件非常辛苦的事，本来就脆弱的夫妻感情可能承受不起养育子女过程中的各种压力。

有一项调查显示，女人产生离婚念头最多的时候，就是生完孩子的头一年。还有一部分婚姻会因为孩子的到来而加速分崩离析。

通过生孩子来改善夫妻关系，成功和失败的概率各占一半。

如果成功了，固然可喜。但如果失败了，所需付出的代价却很大，因为除了婚姻的失败，还可能让无辜的孩子受到伤害。

所以，如果夫妻关系不和谐，尽量先改善夫妻关系，再考虑生儿育女。在夫妻关系不稳定的情况下，想用生育孩子来解决问题，去赌50%的成功概率，风险实在太大。

前面讲到的白竹的故事，就是一个教训。她和丈夫的第一个孩子就是在夫妻感情很一般的情况下生的，而孩子的到来并没有明显改善婚姻的质量。在第一次“试验”失败的情况下，没有“分析试验失败原因，调整试验条件”就想进行第二次“试验”，确实不值得冒这个风险。而丈夫的出轨验证了这段婚姻不可被寄托。白竹的痛苦之处在于，虽然痛恨丈夫的不忠诚和不体谅，但依然在物质上、精神上依赖这段婚姻关系。

所以，从根源上来讲，白竹首先要使自己独立和强大起来，赢得丈夫的尊重，赢得一段绝对稳定和可靠的婚姻关系，再去解决生儿育女方面的问题。

当然，现实中还有很多夫妻本身感情还不错，却迟迟不能在生育问题上达成一致的意见，造成越来越多矛盾，最后导致婚姻走向破裂。

我们再重新梳理一下，面对婚姻内的有关生育观念的分歧应该怎样处理：

（1）认真评估目前的婚姻关系，是否幸福，是否稳定，是否能作为一个孕育后代的安全港湾。

（2）认真评估自身的实力、价值，思考自己对婚姻和伴侣的依赖程度。

通过以上评估，会存在以下几种结果：

（1）婚姻关系不稳定，但个人对婚姻和伴侣非常依赖。对于这种情况，要先搁置生育问题，提升自己的能力、价值和独立性，并努力改善夫妻关系。

（2）婚姻关系不稳定，个人独立性很强。在这种情况下，可以先坚持自己的生育意愿，不轻易妥协。

（3）婚姻关系稳定，夫妻关系不错，可按以下步骤解决问题：

①将夫妻二人产生分歧的核心原因找出来，列成清单，逐项分析，看哪些问题是可以解决的，哪些是无法解决的。

②一起努力解决可以解决的问题。

③如果问题很难被解决，就继续评估：夫妻关系和个人意愿，哪一项更重要？如果前者重要，就作出妥协；如果后者重要，就要为牺牲夫妻关系做好准备。

生儿育女由谁来决定

生儿育女应该由谁来决定？一般情况下，决策权首先应该属于孩子的父母双方。

生儿育女可以秉承权利与义务对等的原则，谁能对这个行为负责任，谁就做决定。一般而言，生育和抚养孩子是父母双方的责任，由孩子的亲生父母做决定是再正确不过的。但在现实中，还存在一些其他的情况。比如，父母生孩子，祖辈养孩子。再比如，有些高龄夫妻想生二胎、三胎，但他们无法保证自己有能力将孩子抚养到成年。在这种情况下，生孩子就不能完全由父母双方决定了。

在我们的夫妻关系实训营就有这样一个案例。

> 夫妻二人经济条件一般，工作又忙，结婚半年后，生下第一个孩子，将孩子完全交给孩子奶奶抚养。好不容易将孩子抚养到上小学，夫妻俩计划生二胎，这时候奶奶就反对了，原因是老人年迈体衰，帮着带大一个孩子就很不容易了，实在没能力再帮他们抚养二胎。

老人有权利反对吗？当然有。

因为年轻夫妻既没有能力亲自抚养孩子，也没有能力请奶奶以外的其他人来帮忙。当一个人没有能力对一件事情完全负责任时，也就没有权利完全做决定。

其实换个角度思考，老人的反对既是源自对现实条件的评估，也是一种客观负责的态度。现实中往往还有一种相反的情况，即老人明知年轻夫妻不具备生育孩子的条件，自己也给不了足够的支持，却不断地鼓动甚至胁迫年轻夫妻多生孩子，这才是一种不负责任的干预。

另外，生二胎是否需要大宝同意也是一个很有争议的话题。同样，要首先评估大宝对于二胎的成长是否要承担责任。从法律意义上来讲，抚养子女是父母的责任，如果父母无力抚养二宝到成年，责任就有可能落到大宝身上。

网上曾有过这样一则新闻报道：

> 一对年近五十岁的夫妻，在已经上大学的女儿的坚决反对下，执意生下了二胎儿子。女儿心灰意冷，对原生家庭渐渐远离。
>
> 在二宝不到两岁时，老夫妻因为操劳过度，先后离世。尚在念大学的女儿被亲友催回家去抚养弟弟，女孩回老家后，直接将两岁的弟弟送给了其他人抚养，然后在亲戚们的责骂声中远走他乡。

如果这对夫妻能早点预料到如此结局，不知是否还会坚持当初的决定。另一个案例跟这个极为类似。

> 在女儿上大学时，父母执意生下了二胎儿子。几年后，老夫妻因为年迈体衰，抚养不了儿子，要把儿子交给刚参加工作并且正在谈恋爱的女儿抚养。女儿当然避之不及，父母竟然一张状纸将女儿告上了法庭。

无论判决结果如何，这个可怜的弟弟已经不太可能具备普通孩子拥有的健康成长环境。

生儿育女是人生一个重要决策，父母在做决定时一定要有足够的责任心。一个新的生命，最好是在“天时、地利、人和”都具备的情况下到来。

如果一个孩子没有足够的成长保障，没有被最亲近的人接纳，即使让他来到人世间，对他来说也是残忍的。做父母的，若想孕育一个新的生命，首先要对这个新的生命负责，而不是单纯为了满足自己、感动自己。

总之，到底生不生孩子，是早生还是晚生，是生一个还是生几个……这一系列的问题，最关键的因素是养育人要有足够的能力和责任心，可以抚养孩子到成年。

有关生儿育女，除了决策权，还有知情权的问题。

假设一对夫妻正当盛年，条件不差，完全有能力自己亲自抚养孩子，那么就可以由夫妻二人自己做决定，不需要听取其他人“生或不生”的建议。但是，当一个家庭中还有夫妻之外的其他家人共同生活时，这些家人也有知情权。

所谓知情权，就是提前知道情况会发生变化的权利。家里要多添一口人，这对一家人的生活都会产生巨大的影响。所以，每一个家人都有必要提前了解情况，并且做好相应的准备。

有知情权的家人，一般是家里已有的孩子、共同居住的老人。有知情权的家人，同样可以对夫妻二人的生育计划提出建议，甚至表达不满。但是，秉着权利与义务对等的原则，如果这些家人不需要直接承担抚养孩子的任务，他们的建议也仅供参考，不能作为依据。

比如，即便很多年轻夫妻完全有能力生养二胎，但家中的大宝可能会跳出来反对。在这种情况下，夫妻双方需要给大宝做好心理疏导。究竟能不能生二胎，还是基于夫妻二人的年龄、身体、经济能力来决定。如果有条件生二胎，大可不必因为另一个孩子的情绪而改变自己的人生决定。

“我们理解你的感受，也会尽量保证你的生活少受影响，但生二胎是爸爸和妈妈的权利，我们不会放弃。”

反之，如果夫妻双方的年龄、身体等各项客观条件不足以支持再养一个孩子，新添的孩子将来要让大宝参与抚养，就应该让大宝参与决策，不能冲动生育。

至于生二胎前后，如何调适大宝的心情和协调两宝之间的关系及感情，在华川的另一本著作《温和而坚定地养儿育女——二胎妈妈正面管教践行记》及家长实训营中都有谈及，这里就不赘述。

另外，小夫妻有了生育计划，告知一下双方各自的父母，这是一种尊重。如果双方老人都有提出建议，也可以虚心听取，毕竟老人有更为丰富的人生经验。但是，如果老人对年轻夫妻的生育计划蛮横干涉，这时候夫妻就要认真评估自身条件：我们可以自己完全独立抚养孩子吗，还是要依赖老人的帮忙？

如果是前者，夫妻二人完全可以坚持自己的立场。如果是后者，正如前文所述，需要参与抚养孙辈的老人就应有足够的话语权或决策权。

无论是在我们的家长实训营还是在夫妻关系实训营，都有很多参训的朋友因为老人过度干预孩子的养育问题而烦恼重重。

解决这个问题的终极方案就是独立。只有独立，才能自主。

在子女养育上依赖老人较多的年轻夫妻不可避免地要受到老人的干预，但这种干预未必就是错误的。无论是生活琐事还是养儿育女，谁的实践多，谁就有经验；谁的贡献大，谁就有发言权。年轻夫妻如果希望增加自己对家庭、对孩子的发言权和影响力，那就从增加自己的贡献开始。

丁克的风险

随着社会价值观念的多元化，很多年轻人选择了做丁克夫妻，即只结婚，不生孩子。

网上也流传着很多丁克夫妻潇洒自在的生活记录，但是，就我们多年从事心理咨询工作的经历来看，真正丁克到底的幸福婚姻极少，而由不成熟的丁克计划导致婚姻破裂的案例倒是很多。

其中最重要的一个原因是人的观念会随着年龄的增长、世事的变迁而发生变化。20岁决定丁克的年轻人，到了30岁、40岁，可能又改变了主意。而女性的生育黄金期就那么几年，错过了时间，再后悔就来不及了。

繁衍后代是刻在人类基因里的本能。只不过有些人的本能意识较晚才被唤醒，但很少有人能终身对抗这种本能。这也是为什么我们经常看到网上报道的一些明星和名人，年轻时不着急结婚、生育，到了中老年忽然“爆发式”地生育。

对于做丁克的决定，风险最大的是女性。因为女性的生育黄金期非常短暂，过了35岁，生育能力就会断崖式下降。而男性的生育功能的保持期要比女性长很多年，甚至可以保持到70岁以上。因此，男性即便做了丁克的决定，在人生未来的几十年中，随时可以反悔，而女性往往后悔也来不及。

最常见的“丁克剧情”是这样的：男女双方都是丁克一族，走进婚姻之后，一起潇洒自在地生活了若干年。然后某一天，丈夫忽然产生了想生孩子的念头，通常，这种念头一旦产生就一发不可收拾。可是妻子因年龄太大，无法成功受孕。两人越过越不合拍，最终只能以离婚收场。然后男人会重新找一位年轻的妻子，满足自己传宗接代的愿望。而女人也许只能孤独终老。

即便是部分成功“老来得子”的夫妻，其遗憾也多过幸运。因为后面还有更漫长、更艰辛的养育过程。父母年纪越大，精力越不好，能参与孩子的人生的时间也越短。而孩子同样也会产生源自自己的父母年迈体衰的自卑感。

我们曾接触到一个案例。

夫妻俩一开始决定丁克，但结婚十几年后，看到身边的人都有了孩子，夫妻俩就一起改变了主意，计划生育一个孩子。然而夫妻俩备孕了3年，孩子迟迟没有到来。等妻子到了39岁时，夫妻俩感觉有点等不及了，于是开始尝试做试管婴儿。在经历了7次失败以后，在妻子42岁时，终于试管成功，有了一个自己的孩子。有了孩子以后，妻子的身体素质变得很差，在孩子出生不久便患上了重度抑郁症。人到中年的丈夫不堪重负，夫妻之间经常发生矛盾和冲突。这对夫妻虽然幸运地拥有了一个孩子，但生活质量一落千丈，前景很不明朗。

所以，关于生儿育女这件事，在基本条件具备的情况下，最好顺应时节，早点开始。

夫妻双方的教育分歧

除了生育的问题，孩子的养育和教育问题也是夫妻双方需要长期面对的一项考验。小到吃喝拉撒，大到升学考试，孩子成长中的每一个细节都需要父母的参与或指引。父母双方如果在养育观念和教育理念上不一致，时时都可能爆发冲突。

当你在养育孩子的过程中，发现伴侣经常不配合，甚至对着干，你的心情是怎样的呢？

绝大多数人会对伴侣产生一股脑儿的埋怨——“你怎么能这样”“你有没有责任心”。通常一边自怨自艾，认为遇到了“猪队友”，一边又很担心孩子的前途。

在现实中，绝大部分父母都是爱孩子的，只是爱的方式不尽相同。就好比有些人喜欢吃咸，有些人喜欢吃辣，大部分问题只是差异问题，而不是对错问题。当然，不排除有极少数“三观”不正、不负责任的“队友”存在，在这种情况下，首先要反思的还是自己：“我为什么会跟这样一个人生孩子？”

在夫妻关系实训营里，我们接触到的更多的是这样一种情况：夫妻双方都是爱孩子的，只是在教育观念上存在差异。

当一位妈妈跟我们阐述自己对孩子的付出和作出的努力时，我们是感动和认可的；当孩子的爸爸跟我们讲述他的观念和想法时，我们发现，爸爸的逻辑也合情合理。

每个人都习惯用自己的视角、按照自己的逻辑去看待一件事。所谓换位思考，其实很少有人能完全做到。

在孩子的教育问题上，有人希望孩子功成名就，有人则希望孩子平凡普通；妈妈希望孩子追求卓越，爸爸则希望孩子尽力就好……不能说哪种观念一定就是错的。

抬头看看这个大千世界，花鸟虫鱼、飞禽走兽，芸芸众生，每种生物都有它自己的生存方式，每一种生存方式也都具有一定的合理性。如果非要找一找教育对与错的标准：第一，看这种教育是否能保障孩子的身心健康；第二，看这种教育是否符合孩子自身的特质，并且尊重孩子的成长规律。如果父母的教育破坏了孩子的身心健康，这便是错误的；如果孩子是一条喜欢游泳的鱼儿，父母逼着他去爬树，这也是错误的。

夫妻双方在孩子的教育观念上产生分歧的原因是什么呢？

与其他任何婚姻里的分歧一样，主要源自以下几个方面：夫妻二人存在“三观”差异、性格差异、性别差异、父母角色不同造成的差异。

我们曾接触过这样一对夫妻。

> 妻子在一家企业担任高管，丈夫是一名中医。妻子性格积极上进，丈夫性格淡泊恬静。在恋爱阶段，两人犹如正负两极，正好互相吸引，结婚之后，两人却因为处事风格不同，矛盾重重。有了孩子以后，冲突爆发得更加频繁。
>
> 妻子经历过求学和职场的残酷竞争，一路过关斩将才获得现在的成就，所以非常希望能提升孩子的竞争力，培养孩子的十八般武艺。而丈夫却认为孩子还小，顺其自然就好。
>
> 妻子想用心培养孩子，偏偏工作繁忙，没有时间，所以想让丈夫替自己完成培养任务。她为孩子制订了一张非常紧凑、高效的作息表，要求丈夫监督孩子每天按照表格上的要求去行动。丈夫当然不愿意配合，他心里的想法是："你自己决定的事情，你自己做就好了，反正我做不到。"

排除原则性对错问题，如果只是育儿理念的差异，有两条应对之道：

一是夫妻双方在彼此尊重、理解的前提下，理性沟通，达成一个双方都认同的折中方案。这个折中方案，通常需要夫妻双方各退一步，比如淡泊的一方需要稍微积极一点，激进的一方需要稍微平和一点。

前面讲到的中医爸爸和高管妈妈，在讨论孩子的成长时，可以做规划、派任务。但规划方案最好吸取夫妻双方的意见，夫妻双方别太懒散，也别太激进；孩子每天的任务安排，要做到有张有弛，这样更容易实施。

二是夫妻双方如果在某些方面的分歧始终达不成共识，就秉着“谁决定，谁负责”的原则，先按某一方的计划实施，再观察孩子的成长情况。

下面，分享一个华川自己的故事。

> 在我家大宝上幼儿园的阶段，我想让孩子学钢琴，川爸就坚决反对。因为川爸是个理工直男，对音乐艺术无感，同时又觉得学乐器劳心费神。而我可能是出于自己基因里对音乐的热爱（孩子的外公也热爱音乐），以及一些自己童年成长的遗憾，所以很希望孩子能学钢琴。我们一起讨论了很多次，最终川爸的态度从“坚决反对”转为“不支持”，我则提出了“我决定、我负责”的原则，让川爸不用操心。此后，在大宝数年的学习和练习钢琴过程中，所有相关事务都由我承担，从未要求川爸陪练过一次钢琴。在孩子学了一段时间后，有一天，出差回家的川爸听到儿子弹出的旋律，忽然有了点“感觉”，夸奖儿子“弹得还挺好听”。从此，川爸的态度就渐渐转为支持了。等二宝到了四五岁的年龄，川爸就主动说：“让咱们闺女也学弹钢琴吧。”

所以，当夫妻双方针对某些事情争论不出结果时，可以靠时间、事实来说话。

在我们做咨询的过程中，经常看到的剧情是：夫妻双方（简称“A”和“B”）中的A，坚持要让孩子上某个培训班，但理由不够充分，所以没能说服B支持。夫妻俩争论几次，不欢而散，A就冲动地给孩子报了班，交了学费，而在孩子正式开始学习之后，A自己经常没时间陪伴和鼓励孩子，孩子学习的效果也不好，家里经常鸡飞狗跳。这时候B就对A进行类似“我早就说过……”的嘲讽和打击。而A就会把气撒在B身上，觉得就是因为B不支持，所以孩子的学习成效不好。

我们经常会遇到夫妻俩因为孩子的兴趣班问题而分歧重重，最后夫妻关系出问题的情况。所以，在婚姻中，我们一定要记住一个原则：只做自己可以承担的决定。需要夫妻双方共同承担的事，一定要在夫妻双方达成共识以后再做决定。如果夫妻双方暂时达不成共识，彼此说服不了对方，可能就是理由不充分，或者暂时条件不具备、时机不成熟，再等等也不迟。

如果一个人总想按自己的意愿来行事，必须具备强大的意志力和处事能力，为自己的决定负责到底。千万不要出现“我炒糊的饭菜你来吃”的现象，这会极大地破坏夫妻关系。

夫妻关系与亲子关系孰轻孰重

在一个家庭中，夫妻关系跟亲子关系哪个更重要？显然是夫妻关系更重要。

比较理想的状态是：在夫妻关系和谐的前提下生儿育女，

有了孩子以后，夫妻二人同心协力地抚养孩子，夫妻双方跟每个孩子都建立起和谐的亲子关系。

但在现实中，经常存在以下两种情况。

第一种情况：在夫妻关系很一般，甚至不太好的前提下生下孩子，孩子的到来导致生活压力剧增，使夫妻关系进一步恶化。

第二种情况：本来夫妻关系很好，但有了孩子以后，因为夫妻双方在养育观念、教育观念上的分歧太大，夫妻关系恶化。

如果一个家庭出现以上两种情况，要做到夫妻关系好于亲子关系，就比较难了，极可能出现的情况是：亲子关系比夫妻关系要好，或者亲子关系跟夫妻关系都不好。在这些情况下，家庭关系的排序可能是“母子关系 > 夫妻关系 > 父子关系”或“母子关系 > 父子关系 > 夫妻关系”。

为什么母子关系通常会占据一个家庭的优先位置？因为在一般情况下，母亲会经历十月怀胎、母乳喂养，以及承担绝大部分育儿任务，所以母亲跟孩子的关系联结得更强。

很多父亲在育儿过程中的参与度比较有限，陪伴时光也少（部分优秀奶爸除外），所以父亲跟孩子的关系通常要比母子关系弱得多。

这里要特别强调的是，在很多中国家庭中，父子关系会是比较大的挑战。父子关系恶劣又会使夫妻关系进一步恶化。

下面，我们分享一个案例。

某一年春节假期，当大部分家庭都在合家欢庆之际，有一个三口之家却爆发了这样一场冲突。

> 首先是夫妻吵架，吵到激烈时，儿子跑出来维护妈妈，与妈妈一起顶撞爸爸，爸爸恼羞成怒，举手要打儿子。儿子刚进入青春叛逆期，个头已跟爸爸差不多，见爸爸要动手，立刻举起椅子准备反击。好在亲友们迅速将两人拉开。这牛高马大的父子俩真要打起架来，后果不堪设想。

在家长实训营里，经常有妈妈向我们诉说父子关系太差的问题。在严重的情况下，很多母亲会因为父亲不能“善待”孩子而想要离婚。

所以，接下来我们再专门论述一下如何改善父子关系。

其实，父子关系交恶的现象在全世界范围内都很普遍。

古希腊有一个著名的故事《俄狄浦斯王》，讲述的就是一个儿子杀死父亲的悲剧。后来，心理学家弗洛伊德认为男孩存在“爱母憎父”的本能愿望，并将其命名为“俄狄浦斯情结”。再加上同性相斥的原理和雄性好斗的基因，父亲与儿子之间更容易发生暴力冲突。

过去，在农村，由于人们普遍文化素质低、养育观念落后，男孩幼时被父亲粗暴管教，成年后又会粗暴地对待年迈的父亲，这种现象非常普遍。

即便到了现代社会，父亲在维系跟儿子的关系时，也需要格外用心。

感情总是需要培养的，关系总是需要联结的。没有喂养，没有陪伴，没有交流，没有点点滴滴的投入，感情又从哪里来呢？仅“爸爸”这一称呼，是不足以让儿子敬仰和信服的。

现代发展心理学家认为，俄狄浦斯情结主要在儿童时期出现，孩子在成长和与外部社会的接触中，这种情结会不断得到纠正，最终孩子会完全走出父母的怀抱，形成独立、健康的人格。

在这个过程中，父亲和母亲都要用心。

作为一个养育过男孩的妈妈，华川也对此深有体会。

儿子在学龄前与妈妈亲密，与爸爸一个月不见面也没事，但一天见不到妈妈就闹腾。

我清楚地记得儿子两三岁时，有一次川爸出差回来，与我说话时站得很近，儿子就像头小豹子一样冲过来，奋力地将爸爸推开。

要是我们夫妻俩拥抱一个给他看，他能气得在地上打滚。

儿子四岁多时，我们又有了女儿。川爸成了彻底的“女儿奴”，父子关系更是一落千丈。

儿子上了小学，六七岁了，父子关系依旧很差。在很多情况下，兄妹俩起冲突的时候，爸爸总是明显地偏向妹妹，导致儿子连着妹妹一起讨厌。

父子关系太恶劣，也影响了夫妻关系。我清楚地记得自己结婚之后唯一一次离家出走就是在一次父子发生严重冲突之后。当时我无力干预，又不想火上浇油，只好逃出家门。

看着我生命中最重要的两个男人势如水火，我是真的心痛，痛得忍无可忍时，我知道我必须想办法作出改变了。

于是，我下决心去学习各种心理学知识，又报了很多家长课。学完之后，我更懂育儿之道了，和孩子的关系越来越好了。而孩子对爸爸却更加疏远了。

当然，我的正面教育方式还是让爸爸受了一些影响，当他看到我不打不骂也能让孩子好好合作时，心里多少还是服气的。然后我不失时机地劝导川爸去学学怎么教育孩子，但男人通常不是劝一两次就能成功的。

直到有一天，我帮儿子整理房间时，翻出来儿子写的很多控诉爸爸的日记，还有他画的许多丑化爸爸的漫画。

我一一拿给川爸看了，告诉他现在情况很严重。如果要解决大人和孩子之间的矛盾，必须要大人先作出改变。

终于，川爸开始了修行之路，认真花了一段时间去学习怎样做一个合格的父亲。

学完之后，川爸基本懂得了正面教育，不再对孩子动粗。

虽然冲突少了很多，但父子关系依旧是淡淡的，不甚亲密。

最大的转机发生在儿子十岁左右。

当时儿子迷上了汽车，川爸正好也是一个车迷，而我对汽车一窍不通。每当儿子想找我聊汽车的事时，我就说："你去跟你爸聊吧，我啥也不懂。"

于是川爸欣然地与孩子一起研究各种汽车知识，一起对着电脑查资料，一起分析各种参数。

在周末，父子俩还一起去北京各大4S店参观、试驾。

儿子的另外一个业余爱好是玩电子游戏。川爸给儿子下载了几款汽车主题的游戏，两人周末经常联机一起玩，玩得不亦乐乎。

我不爱玩电子游戏，但比较善于带着家人们玩真实的游戏（可参考我的另一本书《游戏，破解教育难题的金钥匙》）。每次玩游戏，我会叫上川爸一起，因为川爸的体力更好，陪孩子们玩得更起劲。

玩着玩着，爸爸与儿子之间就会玩出些男性之间的“肢体暴力”。

但就在这种打打闹闹的肢体接触中，父子之间的亲密感不断得到了提升。

我很庆幸这种改变发生在孩子的青春期到来之前。

所以，对于父子关系不好的家庭，我们特别建议：一定要抓紧时间改善，最好在孩子12岁之前让父子关系正常化，让父子走得更近。

具体怎么做，我们总结了以下5个要点。

1. 经营好夫妻关系

夫妻关系不好，而母子关系又很好，就特别容易出现一种现象：母亲和儿子一起成为爸爸的敌人。

川爸之所以最终听从川妈的建议，为改善父子关系作出了很多努力，得益于比较和谐的夫妻关系。

2. 虚心对待孩子，虚心对待教育

做司机要学习，做厨子要学习。教育孩子这件事，如果凭着本能做不好，就更需要学习，而且要非常虚心地学习。

如果爸爸不肯学，妈妈可以自己先学会如何正确教育孩子，再以实际行动来影响爸爸。

3. 爸爸要真正进入孩子的世界

不能真正进入孩子的世界，就不能理解孩子，就跟孩子没有任何共同语言。这样的父子就永远只是名义上的父子，父子之间的亲情少得可怜。

那么如何进入孩子的世界呢?

前面已经介绍过很多方法，包括了解孩子的兴趣，培养共同的爱好，交流双方都感兴趣的话题，陪伴孩子做游戏、玩耍，甚至打打闹闹。

4. 妈妈要适时让位

做万能的妈妈未必是好事。

如果妈妈什么都懂，凡事都亲力亲为，不肯放手给爸爸，父子之间就少了很多建立良好关系的契机。

在儿子面前，妈妈要不遗余力地推举爸爸，多表达“你爸爸在这方面比妈妈厉害”，把陪伴任务“让位”给爸爸，如此父子关系才有机会改进。

如果反其道而行之，妈妈经常在孩子面前抱怨爸爸，带着孩子一起仇视爸爸，这样的家庭关系绝对好不了。

5. 妈妈要保持自己的精神独立

我们作为母亲习惯了孩子跟自己亲密无间，将来也要习惯孩子跟别人亲近，习惯孩子跟自己渐行渐远。孩子迟早都有与妈妈“疏远”的那一天，如果最早把孩子从妈妈身边“吸走”的那个人是孩子的爸爸，那是再好不过的事。

请老人帮忙带孩子的利与弊

我国目前存在一种比较普遍的现象，就是由夫妻中的一方或双方的原生家庭父母（一般都已进入老年）来协助小家庭抚养下一代。

关于老人带孩子的弊端，一般的认知是老人育儿观念落伍，隔代抚养容易宠溺孩子。

从我们自己做家庭教育咨询的经验来看，这并不绝对。

首先，从育儿技术方面来讲，有多年实践经验的老人并不一定比仅看过几篇育儿文章的年轻父母差。

其次，从育儿观念上来讲，很多老人有很强的学习能力，非常懂得与时俱进。

在我们的家长实训营，前来报名学习的奶奶、姥姥为数不少。

曾经有一位姥姥来报名参加我们的家长课学习，这位姥姥是位退休教师，女儿、女婿因为工作忙，自孩子出生起就将孩子放在姥姥家，只在周末过来团聚一下。

在21天的家长课学习中，姥姥表现出了惊人的学习能力和实践能力，理念和方法都掌握得很好，超越了同期学习的大部分父母。

反过来，若年轻父母不好好学习、用心实践，同样也会出现教育失当或教育失败的问题。近年来关于教养失败的问题青少年的各种报道并不少见。

所以，年轻父母不要抱着一种没来由的优越感，以为自己一定就比老人懂教育，一边请老人帮忙照顾孩子，一边又从心底嫌弃老人的育儿方式。

诚然，亲生父母对孩子的成长至关重要。但心理学上还有一个名词，称作“心理母亲”，它跟“生理母亲”可以是同一个人，也可以不是。生理母亲指的是给予孩子生命的人，而心理母亲则是让孩子产生依恋情感的、最亲密和最信任的那一个人。

心理母亲既可以是孩子的亲生父母，也可以是爷爷奶奶、姥姥姥爷、保姆或其他人。孩子能否健康成长，与其是否拥有一个稳定可靠的心理母亲有着紧密关系。

换句话说，如果孩子自出生开始，能跟一个或多个成年人建立起亲密、信任的依恋关系，那么孩子的成长就不会出现大问题。而问题儿童或问题少年，一般出自两种情况，一种是没有跟成年人建立依恋关系，另外一种则是依恋关系中断。

无任何依恋关系的孩子，用俗话说就是爹妈不疼、姥姥不爱，整个人是被漠视的存在。这种孩子成长的艰难是显而易见的，但现实中这种情况比较少见。而依恋关系中断的情况特别容易出现在老人带孩子的家庭。所谓依恋关系中断，是指孩子在成长过程中，在尚未成年或完全独立时，失去了最亲密、信任的心理母亲，孩子与成年人的依恋关系突然中断。

为什么老人带孩子容易出现依恋关系中断？主要原因是大部分老人受精力所限，不能完全抚养孙辈到成年。交给老人养育的孩子，总会在某一天（对于孩子来说，往往是突如其来的一天）被父母或其他人带走。

而这个“其他人”不一定有能力、有耐心跟孩子建立新的依恋关系。新的依恋关系没有建立，旧的依恋关系中断，孩子的成长可能就会出问题。

所以老人照顾孩子，最大的风险不是育儿观念落伍，不是隔代宠溺，而是随时可能会出现依恋关系中断。

我们曾经接触过一个“问题儿童”的案例。

> 孩子从小跟爷爷奶奶生活，到了上小学的年龄，才被父母接回身边。孩子一上小学，就面临着诸多学业压力。
>
> 孩子的妈妈还没来得及与孩子培养感情，就一门心思地抓孩子的学习，孩子受到校内作业、校外辅导班的“密集轰炸”。
>
> 孩子本就对父母感情淡漠、信任不足，对于这种一上来就戴“紧箍咒”的状态非常不适应，产生强烈的抵触情绪，不但不配合妈妈的学习部署，还时不时吵着要回奶奶家。
>
> 这时候，妈妈就把孩子的叛逆归咎于奶奶的不当教育，经常在孩子面前流露出对奶奶的恨意。
>
> 而奶奶是孩子的心理母亲，在孩子心中的地位是神圣不可侵犯的。妈妈对奶奶的诋毁，又加重了孩子对妈妈的仇恨。
>
> 几番打骂、几番折腾，母子关系跌到谷底。孩子也出现了跟年龄不相符的叛逆。

很多老人照顾孩子的家庭，都正在或即将上演类似的剧情。

在这样的剧情里，孩子、老人及父母，每一个人都是输家。

父母很委屈，觉得自己生了个仇人；老人更委屈，辛辛苦苦帮儿女把孩子养大，还落得一身埋怨；而孩子最可怜，从小跟亲生父母中断联结，好不容易有了另外一个心理母亲，却在成长的某一个关键阶段，被迫中断依恋关系，失去了归属感和安全感。

这样的孩子其实是带着心理创伤成长的，如果父母不及时进行关系修补，孩子的人生将面临极大的风险。

> 2016年，一位叫小斯的18岁少年在高考后自杀。自杀前，小斯在网络上留下了2800字的长文，既饱含着对亲生父亲的控诉，又流露出对小时候和爷爷奶奶一起生活的美好时光的怀念。

这是一起典型的“老人带娃—依恋关系中断—亲子冲突”造成的悲剧。但是，很多年轻夫妻有了孩子以后，又确实离不开老人的协助。作为父母，该如何避免类似的悲剧上演？

在此总结以下几条建议，供广大父母参考。

1. 别把孩子交给与自己关系不好的人照顾

父母如果不得不把孩子暂时交给别人照顾，这个“别人”最好是自己内心认同、跟自己关系很好的人，而不是感情一般甚至心存敌意的人。举个例子，在现实生活里，奶奶照顾孩子的情况比较多见。婆媳关系本身很微妙，再加上育儿观念的冲突，在奶奶照顾孙子的过程里，奶奶和妈妈的冲突更容易加剧，甚至发展到互相仇视的地步——奶奶在孙子面前说妈妈的坏话，妈妈在孩子面前说奶奶的不好。

在孩子眼里，自己最重要的两位至亲（生理母亲和心理母亲）是互相仇视的状态，这让幼小的心灵如何适从？一方面，孩子难辨是非，很难建立稳定的人格和“三观”；另一方面，孩子总是处在背叛至亲的精神撕裂状态。

所以，如果要把孩子交给老人照顾，就要给予老人足够的尊重和信任，有什么分歧可以私下沟通，至少在孩子面前保持团结一致。

我们见过最极端的一种情况：妈妈从奶奶那里接回孩子，发现孩子不听话，既迁怒于孩子的奶奶，又把对奶奶的仇恨发泄到孩子身上，一言不合就打骂孩子。

在这之中，最无辜的是孩子。所以，当父母要把孩子交给老人照顾时，一定要好好维系与老人的关系。

2. 尽可能地往亲子情感账户里“存钱”

情感关系就像一个银行账户，亲密陪伴及所有正面积极的互动就是往账户里存钱，而控制、苛求、指责就是在取钱，打、骂、吼更是情感账户里的大额支出。

什么阶段最容易向情感账户里存钱？一般认为孩子在0～3岁时，最容易跟身边人建立起依恋关系。再宽泛一点，在孩子六七岁上小学以前，培养亲子关系都相对容易。因为这个阶段还没有太多学业压力，有足够的时间进行亲子陪伴，游戏玩耍是培养感情最有效的途径。

一旦孩子上了小学，外部（学校、老师）的压力增大，家长稍不留神就成了“恶人”，会在各种压力驱使之下，做出一些透支情感账户的举动。

而在现实生活里，父母恰恰是把最有利于培养情感关系的时间段（0~6岁）交给了老人。所以，即便在孩子年幼时将其交给老人照顾，父母也千万不要完全放手，不要失去最宝贵的建立情感联结的机会。

如果把孩子交给老人照顾，最好让老人、孩子与父母共同生活。培养感情最需要的是时间，只要住在一起，父母跟孩子多少还是有一些相处的时间。

如果不得已，老人要带孩子分开住，父母也要尽可能多去探望。父母跟孩子的情感账户，能多存一点是一点。

如果实在是陪伴时间少，就要想方设法提高陪伴质量。

3. 避免依恋关系中断，实现依恋关系过渡

孩子渐渐长大，到了某一天，父母注定要成为孩子的主要抚养人，那时依然要慎重对待孩子跟老人的依恋关系。

很多父母希望孩子能跟自己最亲，而这个亲近的过程最好是依靠时间，依靠父母的情感投入，自然而然地发生。希望通过“斩断”孩子跟他人的依恋关系，实现孩子跟自己的亲近，这种想法是危险且不可能实现的。

最理想的状态是让孩子跟老人、父母甚至更多的人同时保持依恋关系。孩子被很多人同时爱着，对孩子的成长是有利的。

举个例子，有两个初中生，期末考试都失利了，也都很害怕面对父母，结果是怎样的呢？一个孩子选择了离家出走，而另外一个孩子去了从小照顾他的爷爷奶奶家。

所以，孩子多一个人爱，多一重值得信任的依恋关系，其

人生就多了一重安全保障，而不至于遇到挫折就走上绝路。

父母跟孩子重新建立依恋关系，既需要时间，又需要方法。但方法总比困难多，只要父母真心爱孩子，并且用正确的方式去爱，孩子早晚能重回父母的怀抱。

经常有家长咨询：因为工作忙，或者生了二胎，夫妻俩实在照应不过来，能否把一个孩子送到老家让老人照顾。

我们的建议是：但凡有可能，尽量自己照顾，父母如果实在忙，可以请老人一起居住帮忙照顾，或者请亲友、保姆协助。

父母现在最应该在意的，不是老人对孩子有多宠溺，也不是老人多给了孩子几颗糖、多喂了孩子几口饭，而是自己究竟为孩子做了些什么，自己跟孩子的情感账户还有多少余额。

无论是现在或是将来，父母最重要的育儿任务是让孩子亲近自己、信任自己，跟自己建立起牢不可破的依恋关系。

没有良好的亲子关系，一切教育便无从谈起。

思考题

1. 你和伴侣的生育观和教育观一致吗？
2. 在你的心里，亲子关系和夫妻关系哪一个更重要？
3. 你计划为统一夫妻之间的生育观和教育观作出哪些努力？

Question

7

考题七

家务琐事

哥伦比亚作家加西亚·马尔克斯所著的《霍乱时期的爱情》里说过：“比起婚姻中的巨大灾难，日常的琐碎烦恼更加难以躲避。”

家务琐事，说起来都是琐碎小事，但对于绝大部分婚姻来说，这些小事才是决定婚姻幸福感的主要因素。因为越是小事，发生频率越高，对人的情绪刺激就越多。

浙江省法院离婚纠纷司法大数据显示，2018年，全省近5万起离婚纠纷案件中，有34.21%的离婚纠纷是由生活琐碎造成的。

在我们的夫妻关系实训营接触到的婚姻问题中，有40%是家务琐事类问题，而单纯由“大问题”造成的婚姻危机，不到20%。

家务琐事从夫妻双方每天一睁眼就会产生，而由这些琐事产生的烦恼，可以在每一天里都发生若干次。事小，但烦恼不小。

如果把婚姻比喻成一所房子，家务琐事就是垒成这所房子的每一块砖头。坏的砖头多了，房子就有倒塌的危险。

因此，当我们因为家务琐事与伴侣频繁争吵及陷入持续的情绪低迷状态时，不要忽视它。趁着它还没有累积成大麻烦，请认真考虑如何解决这些小问题和小烦恼。

压垮妻子们的家务琐事

下面是一起因为家务琐事积累的矛盾把婚姻一步步推向绝境的真实案例。

某一个工作日早上，魏霞是全家第一个起床的，她以极快的速度收拾、洗漱、做早饭。做完早饭后，魏霞叫醒丈夫和孩子，张罗大家吃早饭，吃完早饭后魏霞就准备出门。临出发前，魏霞忽然想起来还有一堆脏衣服没洗，就打算先把脏衣服丢进洗衣机里，等下班回来再洗。当魏霞抱着脏衣服打开洗衣机时，发现洗衣机里还有不知什么时候已洗完的衣服。

魏霞赶紧掏出洗衣机里的衣服，拿到阳台上去晾，结果发现阳台晾满了不知什么时候晾的衣服，晾衣竿上没有一个空位。魏霞又不得不先收拾晾衣竿上原来晾的衣服。

等魏霞抱着晾干的衣服回到卧室，发现衣柜也多日没有整理，衣物塞得乱七八糟，根本没有空间装新收的衣服。时间越来越紧，魏霞又着急整理衣柜，一不小心，衣柜里堆积的衣物像雪崩一样塌落下来。另一边则传来丈夫的催促和责怪："拖拖拉拉干什么？还不快点送孩子上学！"魏霞忽然崩溃了，把衣物往地上一扔，冲着丈夫一声大吼："这日子没法过了！离婚！"

这不是魏霞第一次说出“离婚”二字。结婚七八年，魏霞因为承担了家里的绝大部分家务，对回家就当甩手掌柜的丈夫抱怨过无数次，吵到激烈时，也说过几十次离婚。但每次吵完不久，生活依旧会回到原点，魏霞不得不任劳任怨地继续承担家务，直到下一次冲突爆发。

终于，在这个礼拜一的早晨，在大家都忙着上学、上班的紧急时刻，魏霞爆发得更加歇斯底里，更决绝地提出了离婚。丈夫也不想再忍受这样一个脾气越来越糟糕的老婆，直接摔门出去，临走前还扔下一句话：“我也受够了，等我到了办公室，我会拟好离婚协议。”

在中国人的婚姻里，有太多的“魏霞”存在，她们忍辱负重，又怨气冲天。她们的婚姻就像在风浪中行驶的小船，上颠下簸，随时有翻船的可能。

家务琐事方面的矛盾主要是由夫妻双方的分工不平衡导致的。分工不平衡，一方过度付出，必然就产生心理失衡，心理失衡就会导致关系失衡。

而大部分在家务琐事中感到心理失衡的一方，是妻子。有数据表明，中国女性就业率位居世界第一，同时，中国女性每天做家务的时间比男性平均多了81分钟。而中国男性做家务的时间排在了世界倒数第四位。

社会科学文献出版社出版的《女性生活蓝皮书：中国女性生活状况报告No.11（2017）》显示：2016年，被调查女性每天的家务劳动时间达到2.6小时；被调查女性家中家务活主要承担者方面，约65%是被调查女性自己，约23%是家中老人，约7%是丈夫，约5%是钟点工/保姆和其他人。

由此可见，女性是家务活的主要承担者。而中国有60%以上的女性都有自己的工作，仍然需要上下班，她们可以花在家务上的时间，跟上班的男性几乎一样。如果妻子既要上班赚钱养家，还要承担大部分的家务，那就是一种明显的不公平。

如果妻子辞去工作，成为家庭主妇，的确有了更多时间做家务，但丈夫参与家庭事务的程度对妻子的心态还是会产生重要影响。在妻子们眼里，丈夫能否在空闲时间做一些力所能及的家务，体现了丈夫对家的态度。如果夫妻双方在家庭中常年扮演的是客人和服务员的角色，这样的婚姻便失去了幸福的色彩。

从长远来看，一个人若在夫妻关系中长期扮演着被服务的角色，他的幸福也不会持久。因为健康、愉悦的夫妻关系，需要身心愉悦的伴侣双方来共同构建。如果伴侣忍辱负重、疲惫不堪、怨念丛生，另一方即便肉体舒适，精神也无法愉悦。

为什么男性普遍做家务更少

在婚姻中，为什么男性普遍承担的家务更少？或者说，男女分工是否存在天然的差异？

在我们的学习交流群里，经常展开关于这类问题的讨论，其中，有一位男性朋友（两个孩子的爸爸）是这样阐述男女差异的：

> 男性在远古时代是狩猎者角色，这个角色持续了大概一百多万年，所以男性更多是猎人思维，抓大放小，看重结果；女性从一百多万年前就开始采集与制作，因此更关注细节，重视过程。而人类进入文明社会不过几千年，那一百多万年的基因残留太过强大。所以，直到现在，男性骨子里还有很强的好斗的基因，因为他们一开始被创造出来就是为了面对野兽和敌人，同时，男性对细微情绪的敏感度低，对精细事务不太擅长。这样就导致家庭历来是女性的主场。

以上是从人类基因进化的角度来分析的。

另外，从中国绵延几千年的文化传统来看，男性似乎被天然地赐予了家务豁免权。“男主外、女主内”在以男性为主要生产力的社会中是大家默认的规则。回头想想，我们的祖辈，乃至父辈，较少出现女性抱怨男人不做家务的情况。但是，男人若不能为一家老小提供生存保障，就会被女人抱怨。

女性大规模参与社会生产是从西方工业革命开始的。工业革命创造出大量的公共性工作岗位，为女性从家庭事务中解放出来并参与社会生产提供了可能。

进入20世纪以后，快速发展的现代科学技术使得社会出现了更细致的社会分工和更多的公共岗位，很多岗位对知识、技术、智力的需求远远超过了对体力的需求，在这些岗位上，女性的职场竞争力完全不输于男性。

女性就业率和就业质量的大幅度提高，也催生了女权运动的蓬勃发展。经过近两三百年的社会经济发展和社会文明进步，“男女平等”已经有了物质和思想基础。

但从以百万年为计的基因进化进程来看，以及绵延千年的文化传统而言，男性和女性要取得完全同等的生存状态，还有很长的路要走。

男女最大的差异就是生理差异。这使女性在孕育后代方面承担更多任务。十月怀胎及哺育幼儿使得女性的职场竞争力大大降低。虽然现在大部分女性都可以就业，但女性的就业率仍然低于男性。《中国人口和就业统计年鉴：2020》显示，2019年中国女性就业率比男性低14个百分点。

而基于一些固有的偏见，女性和男性在职场的地位也很难等同。很多时候，即便女性与男性在职场上承担一样的劳动强度、做出同等的贡献，女性获得的经济回报也普遍比男性更低。

联合国秘书长古特雷斯在2020年的演讲中指出，从世界范围看，女性的收入仍然只有男性的77%。世界经济论坛还曾做过一项研究和预测，人类要到2255年才能消除性别薪酬差距。

而选择退出职场、相夫教子的那一部分女性，往往收入水平与配偶差距更大。

“你挣得太少，还不够保姆的工资。”这是丈夫们劝说妻子退出职场的常用说辞。

曾经有一位全职妈妈，经常因为丈夫下班晚、不顾家而产生埋怨，某天丈夫只说了一句“要不我辞职做家务，你去上班养家”，妻子便哑口无言。

但是，也有一部分职场竞争力完全不输于丈夫的妻子，可以理直气壮地回敬："没问题，我去赚钱养家，你辞职回家带孩子。"

所以，最有希望争取到"男女平等"，在家庭内外都能与男性平起平坐的，是这一类在职场竞争力上不输于男性、可以完全不依赖男性而独立生存的女人。

如何面对家务分配的不公平

首先，我们要了解家务分配不公平背后的原因。

前面论述了基因进化、生理差异、社会分工、文化影响等原因，这些属于宏观原因。再细化到个体身上，还有一些微观原因。比如个体性格的差异（也有部分男性性格细致，擅长做家务）、原生家庭的影响及行为习惯的差异。

在诸多因素中，习惯是最有可能被改变的。

很多人不爱做家务是受父母的教育方式的影响，是在原生家庭就养成的习惯。当然，也有一些习惯是在成年以后才养成的。

在我们的夫妻关系实训营里，一位妻子向我们抱怨丈夫不做家务，她抱怨的点主要在于：丈夫其实有做家务的能力，他从小就能帮父母做家务，在结婚之前也能做家务，但自从结婚以后，就慢慢地不做家务了。

显然，丈夫不做家务的习惯并不是根深蒂固的，而是在婚姻生活里养成的习惯。

一个人的习惯养成，除了他自身性格特质方面的原因，最重要的就是环境的影响。而结婚以后，与伴侣共同生活的环境就是最重要的一个环境。

因此，所有在婚姻中把伴侣养成“懒人”的妻子们或丈夫们都要反思，关于伴侣在结婚后养成的每一种习惯，自己是否直接或间接地对其造成了影响。

这一点跟子女的教育也是共通的。在一个家庭中，如果有人任劳任怨、事必躬亲，那么其他家人，无论是伴侣还是孩子，注定会变得懒惰、怠慢，缺少责任心。

我们也接触过不少与之相反的例子。比如，从小十指不沾阳春水的“小公主”结婚生子以后变得勤快又操劳，年轻时四肢不勤的“小王子”成家立业以后变成了有担当的男人。

婚姻是一所学校。有些优等生进去，成绩变差；有些差生进去，通过努力变成了优等生。一个人只要四肢健全、心智正常，如果学校给力，就有希望被培养到及格水平以上。

如果在婚姻生活中出现了表现不及格的妻子或丈夫，作为伴侣要反思：是不是婚姻这所学校出了问题？

如果改变不了伴侣不爱做家务的事实，该怎么办？

无论是性格的改变，还是习惯的改变，都是一个漫长的过程。也有一些人，终其一生都不能改变。

如果伴侣在承担家务方面尚未达到我们的期望，又该怎么办？

其实，如果我们选择了一段婚姻，要考虑的就不仅仅是家务问题了。

网上有位已婚人士曾经发表过这样的论点：如果我们抛开家务来看，婚姻还能带来什么？如果你和你的另一半，能愉快地谈天说地，你已经得到一个好朋友了；如果你们肉体和谐的话，你又得到了一个长期稳定的性伴侣了；如果你们能在遇到困难时，彼此商量、互相帮助，你更是得到一个好战友了。

所以，抛开家务琐事，婚姻是不是依然带来了很多？

如果伴侣可以给你带来其他更重要的价值，那么这段婚姻就仍然存在价值。我们不奢求完美伴侣，但要看到婚姻的核心价值。

假想的“不公平”

虽然中国男女在家务承担上的不公平是普遍存在的，但也有很多不公平只是人们假想的。

下面分享几个故事。

姚丽是一位全职妈妈，她抱怨最多的就是老公回家就做甩手掌柜，对家庭事务不尽心。

我们询问了她老公的职业，姚丽说丈夫是企业高管，确实非常忙，平常回家也晚，周末还经常有应酬。

如果姚丽一个人承担全部家务，同时还照顾年幼的孩子，确实辛苦。我们提出了让她聘请家政人员协助完成家务的建议。结果姚丽告诉我们，家里已经有一个住家保姆，还有两边的老人轮流过来帮忙。

咨询到最后，姚丽坦白承认：其实自己在家里也不算太忙，需要老公承担的家务也并不多。但是，她就是觉得心理不平衡。她认为老公不多做点家务，就体现不出对家的感情。

很多全职妈妈的心理失衡缘于多方面的因素，只不过家务问题最容易被拿来作为攻击伴侣的理由。

关于老公是否顾家，还需要结合个人的工作性质、工作时间进行客观分析。

举个例子，一个男人如果工作很忙，每天要工作12个小时，剩下的12个小时他大部分都留给了家庭，那么就算很顾家了。虽然他待在家里的时间，比不上24小时都留在家里的全职妈妈。如果男人每天工作12个小时，除了吃饭、睡觉时间，每天只有2个小时的空余时间，然后在这2个小时中，他拿出了半小时做家务，剩下的时间用来休息或消遣，那么男人的总劳动时间是12.5个小时。

如果全职妈妈每天也拿出了12个小时处理家务琐事，其实跟丈夫的工作时间总长是相当的，并没有不公平。

只不过，大部分全职妈妈（或全职奶爸）在家务中体会到的价值感并不如职场人士。因此，在婚姻中，为了家庭抛弃事业的一方更容易心理失衡。

那么如何提升自己在家务琐事中的价值感？这与很多因素有关：第一，反问自己是否真的热爱经营家庭、照顾孩子，如果答案是否定的，建议别轻易辞职做全职妈妈或全职奶爸；第二，即便做了全职爸妈，除了家务琐事，还需要保持自己的学习能力和拓宽成长空间，因为成长的感觉也能提升自己的价值感。

> 张蓉是一位职场女性，她在夫妻关系实训营里向我们倾诉最多的也是夫妻之间的家务分工问题。她说自己上班晚，离孩子学校近，所以每天早上由自己送孩子上学。孩子放学一般由下班较早的丈夫去接回家。家里的晚饭和大部分家务由她负责。丈夫只是带着孩子玩一玩，而且陪玩质量也不高，不像别人家爸爸那样用心……

在张蓉的叙述中，夫妻两人是在共同承担家务，她老公做的已经相当不少，但张蓉总感觉自己很累、付出很多，老公不够给力。

于是，我们建议张蓉认真列出家里的所有家务，然后再标记一下夫妻俩各自承担的部分。如在由妻子承担的家务事项后面标注A，在由丈夫承担的家务事项后面标注B。

张蓉按我们的建议认真列出了家务清单，当她分析完自己所列的家务清单，发现B的数量竟然超过了A。张蓉自己也不敢相信，原来丈夫默默承担了那么多，对家庭的付出一点都不比自己少。

最后，我们终于和张蓉一起找到了症结——张蓉在这段婚姻中的安全感很低，因为缺乏安全感，所以就不断“勒索”丈夫的情感，苛求丈夫的付出，想以此来证明丈夫足够爱自己。

过于感性或情绪化的人，往往不能对自己的婚姻状况作出客观判断。

婚姻生活中，大大小小的事务非常庞杂，夫妻俩究竟谁付出多、谁付出少，在很多家庭都是一本糊涂账。最后的结果往往就是容易情绪化的那一方似乎遭遇了不公平。其实，这可能只是一种假象。

除了妻子对丈夫的抱怨，丈夫抱怨妻子不爱做家务或者家务做得不够的情况也是普遍存在的。

杨程是一位企业高层，收入可观，因此在有了第一个孩子之后，就鼓励妻子做了全职妈妈。在杨程的设想里，既然妻子不需要工作，那就应该把家庭、孩子照顾得妥妥当当，可现实却令人失望。杨程下班回家后，家里经常乱糟糟，地上到处都是孩子的玩具，桌子也没收拾干净。尤其是孩子还经常生病，杨程不得不经常请假与妻子一起带孩子看病。

时间久了，杨程对妻子非常不满：“你整天不上班，在家里却什么事都不干！”

对于这种指责，妻子心里是委屈的。

很多做惯了甩手掌柜的人可能想象不到，一个家庭能够维持正常的运转需要多少家务来支撑。

先说“吃”，要保证家人吃饱，每天要买菜、做饭、洗碗、收拾，重复若干次。

再说“穿”，干净的衣物不是自己变出来的，即便有了洗衣机，每天对脏衣物进行分类收集、清洗、晾晒、收拾整理、分类装进衣柜……这也是很耗时的工程。

最后说“收拾房子”，整理、归位、拖地、擦洗，这些都是每天需要重复若干次的体力活。

尤其是当一个家庭里有了孩子，在你收拾房子的时候，后面就紧跟着一个“拆家”的小捣蛋鬼，孩子只做家里的搬运工，一天多次“拆房子”。

所以，当我们在婚姻生活中感受到不公平时，先别着急抱怨、指责，不如静下心来，认真列一列清单，算一算细账。

家务琐事的分工

家务琐事确实是一项生生不息、永无止境的浩繁工程，尤其是有了孩子的家庭，可以说专门安排一个人一天24小时连轴转也做不完家务琐事。

因此，对家务进行合理分工是有必要的。

研究表明，在家务琐事的分工上，男性占40%，女性占60%，属于家庭和谐、家务分配合理的。

还有很多特殊情况，比如在夫妻二人工作强度差距特别大的情况下，要给男女双方安排一个固定比例的家务分配也不太现实。最好的家务分配原则是：各尽所能、优势互补。比如一些耗费体力的家务，可以安排给家里体力较好的一方（通常是男性），而一些需要耗费耐心的细致家务，通常更适合女性。丈夫工作时间长、办公室坐得久，回家之后，可以负责陪孩子玩耍、带孩子运动，也正好解决了大人活动量不足的问题。妻子善于收拾整理，就尽量承担收拾整理类的家务。

当然，也有一些男性对家居环境的整理很擅长、很感兴趣，那就本着“谁有能力谁负责，谁有兴趣谁负责”的原则。有些人对所有家务琐事不感兴趣，只对上班、赚钱感兴趣，可以用赚来的收入聘请家政人员，替自己承担家务。

家务分工除了类别分工，还要考虑不同类别家务的发生频率。很多夫妻在说起家务问题时，彼此都觉得委屈。

“我也拖地洗碗了，我也带孩子了……”

“你让我做的事，我都做了……”

那么，我们需要进一步追问：“这些家务你做了多少次，是每天做还是偶尔做？”

比如，洗碗这项家务每天可能发生3次，一礼拜就可能发生21次，如果你一周只洗过一次碗，那么你对这项家务的贡献比例就是1/21，几乎可以忽略不计。再比如照顾孩子这项任务，如果孩子是尚未进入幼儿园的小宝宝，这项任务是时时刻刻都要承担的，除了孩子睡觉时间（有些孩子睡觉时也要大人细心照顾），照顾孩子的时间每天至少为10小时。如果一个人在一天中照顾了孩子半小时，那么他对于这项任务的承担比例是1/20。

这就是很多人自以为在婚姻生活里付出了很多，什么都做过，但伴侣仍然觉得不满意的原因。因此，在夫妻双方探讨家务分工时，最好将各种任务的频次、时间量化。让责任分工数字化，这样会更直观、明确。

家务分工明确之后，接下来就是执行了。

一个平时不擅长做家务的丈夫，通过我们的咨询辅导，终于决定承担一定数量的家务，夫妻俩也按照我们的引导和提示，做好了明确的家务分工。然而在执行分工的第二天，妻子就来找我们抱怨了，她认为丈夫完成家务的质量太低——“连个碗也洗不干净”。丈夫也很沮丧，说：“我努力去做了，老婆不但不给我肯定，还一顿冷嘲热讽。”

这是存在于很多家庭的普遍现象。前文我们提到，有很多“懒人”是在结婚之后被养成的。夫妻中的一方之所以懒于参与家务，有50%的可能是因为另一方在家务琐事上的强势和苛刻。

而且，任何技能的熟练都是循序渐进的。从“愿意做”到“能做好”，需要一个较长时间的练习过程。如果一个人没有耐心等待“队友”的技能熟练，时不时否定、打击“队友”，久而久之，“队友”也就失去了参与家务的兴趣。

言语上的鼓励与肯定，无论是对于夫妻关系，还是对于亲子关系，或是对于家务琐事、事业，都是至关重要的。

如果一个人学不会鼓励“队友”，对“队友”的任何劳动的容错率都很低，最终的结果就是失去“队友”的协助，只能一个人独自“战斗”。

更多转移家务负担的办法

除非有人真心热爱做家务，否则那些琐碎、重复但又不可或缺的家务劳动，就是破坏夫妻感情的不定时炸弹。

再合理的夫妻分工，也经不住数量过多、负担过重的家务。再好的夫妻感情也会在日复一日的重复操劳中被消磨殆尽，最后只剩下抱怨、争吵、烦躁、恼怒和麻木。

所以，对于家务量过多及夫妻双方时间都过于紧张的家庭来说，还要想想办法解决如何转移家务负担的问题，比如借助工具或机器。

中国是一个高度发达的制造业大国，日常生活中那些技术含量低的、简单重复的家务，大部分都可以交给家务机器来完成。即使有些不太方便交给机器的精细家务，也有日益先进的家务工具可用于提升效率。

就拿洗衣服这项家务来说，大部分中国家庭已经懂得借助洗衣机来减轻工作量，但也有很多家庭是一台老式洗衣机能用十几年的情况，不知道还有更先进的洗涤、消毒、烘干一体的现代洗衣机。

再说拖地。有一位妻子买了几款拖把，虽然拖地很方便，但将双手泡在冰冷的脏水里清洗拖把布的过程让她感觉特别糟糕。其实，购物网站上早就有了免手洗的各种“懒人拖把”，价格也不贵，可以省去至少一半的工作量。

如果愿意多花点钱，还可以购买更加高效的吸尘器，用来吸地板和地毯上的灰尘，可以将打扫除尘的时间再缩减一半。有些吸尘器设计得既轻巧又安全，甚至年龄大一些的孩子都可以用得很好，他们可以在吸尘的过程中获得游戏般的体验。另外，现在的扫地机器人的价格越来越亲民，功能也越来越强大，经济条件允许的情况下，也可以购买以减轻家务负担。

再说擦窗子。很多家庭主妇拿着抹布擦窗子的时候，要爬高爬低，但其实可以花几十块钱买一根长杆擦窗拖把。

世界上的家电市场高度饱和且竞争充分，这迫使家电厂商必须在功能性和市场性上做到极致。任何一种你厌烦的家务，你几乎都可以在网上搜到一款对应的机器或工具。

有些人习惯勤俭持家，不愿意在家务工具上投资，殊不知，一件高效的家务工具带给我们的益处，不仅体现在节省时间上，还体现在获得良好的情绪、健康的家庭关系上。

转移家务的另一种方式，就是借助社会化分工，委托家政人员去完成。

如今在人口规模大一点的城市，购买家政服务已经像点外卖一样便利。如果你顾忌家政服务收费太高，可以合理规划使用频率。比如，对于日常简单的、可以借助现代工具高效完成的家务，自己完成；而对于那些较为耗时的、复杂的家务，可以交给家政服务员按每周一次或两周一次的频率完成。

一个月购买家政服务需要花费几百元，平摊到每天也就几元，但购买家政服务可以大大提高生活质量。

对于有孩子的家庭，如果把照顾孩子也算成家务的话，家务量更是以数倍剧增。

夫妻中一旦有人对此产生抱怨，聘请育儿嫂或住家保姆将是一种更明智的选择。只要家庭收入承担得起，无论是否有人全职照顾孩子，聘请一个育儿嫂分担育儿压力是保障婚姻质量的有效法宝。

曾经有一位宝宝才半岁的全职妈妈怀疑自己得了抑郁症。我建议她聘请一个育儿嫂，她说老公肯定不会答应。

确实有一些丈夫，还有老人，对于全职妈妈聘请保姆这件事是非常不能接受的。但就某些全职妈妈的状态来看，她们连自己的身心健康都难以保证，又如何能确保孩子健康成长？

随着现代人对育儿嫂的需求不断增大，育儿嫂的工资水平的确水涨船高。但是，如果考虑到母子的身心健康、家庭关系的和谐稳定，付出一定的金钱代价也是值得的。

下面，我们与大家分享一个案例。

刘佳是一位有两个孩子的妈妈，她跟我们完整地分享了自己长达数年的如何平衡孩子、家务、事业方面的经历。

刘佳生第一个孩子时，娘家、婆家都很热情，争着来照顾母子。所以刘佳在月子期间没有聘请月嫂，由自己的妈妈、婆婆及婆家的大姑子三人帮忙。

一个小三居室，塞了五个大人、一个婴儿和各种物品。

家里人多了，事情也多了，每天光为洗衣服、打扫、买菜、做饭，大家就都忙得团团转。宝宝大部分时间都在睡觉，不需要太多照料。要是宝宝醒了，哭一嗓子，大家就都围上来，七嘴八舌地出谋划策，让刘佳无所适从。

所以，月子期间，刘佳虽然在体力上很轻松，但在精神上还是颇为烦躁，晚上睡眠质量也不好。坐完月子以后，刘佳的身体反倒变差了，经常生病。

休完产假后，刘佳继续上班，孩子由刘佳的母亲帮忙照顾。头一两年倒也没什么问题，等孩子到了两岁多时，活动量增大，刘佳的母亲身体也支撑不住，刘佳便聘请了一个钟点工帮忙做家务。几番调整，终于坚持到大宝上幼儿园。

又过了一两年，刘佳和丈夫计划生二胎。鉴于双方老人都已年迈，夫妻双方决定聘请月嫂和育儿嫂帮忙。

生二宝前两个月，刘佳就物色好了月嫂。月子期间，娘家和婆家的人只是礼节性地前来探望了几次。其他时间都由专业的月嫂全面负责，家里清静了很多。月嫂训练有素，很高效地照顾着母子俩。安心坐了四十几天的月子，刘佳容光焕发，感觉体质比以前更好了。

坐完月子，刘佳辞掉了工作，打算自己在家照顾两个孩子。但后来一盘算，发现也很难。丈夫经常出差、加班，基本帮不上家里的忙；大宝上幼儿园每天要接送，周末还要上兴趣班；二宝嗷嗷待哺，一刻都不能离开视线；还有吃喝拉撒、收拾打扫等各种家务琐事。

于是夫妻俩决定再聘请一个住家育儿嫂帮忙。经过几番比较，几番替换，在二宝半岁左右，家里终于迎来了一位稳定的住家育儿嫂。

每天早上，育儿嫂从刘佳怀里接过小宝，刘佳就负责送大宝上幼儿园。

送完大宝回来，刘佳负责看护小宝，育儿嫂就负责收拾打扫。

上午十点左右，育儿嫂做完家务，用小推车推着二宝去院子里晒太阳，刘佳有了几个小时的安静时间，她就开始看书复习，准备一个职业资格证的考试。

中午，育儿嫂跟刘佳又交替过来，刘佳负责照看二宝吃饭。

午饭后，由育儿嫂哄二宝午睡，刘佳则自己踏实地睡一个午觉。

下午五点，刘佳去接大宝放学，然后接下来一个多小时，刘佳专心陪伴大宝玩耍或做手工，大宝的安全感也很足。

到了晚上，洗漱之后，刘佳就将两个孩子带到了主卧，陪他们一起在床上玩一会儿，或抱着二宝给大宝读半小时绘本故事，然后大宝就睡在一张拼接的小床上，二宝则在刘佳怀里安稳地入睡。同时带两个孩子睡，刘佳夜里的睡眠质量确实不高，不过到了白天，她还可以补一个优质的午觉。

而育儿嫂劳碌了一天，晚上可以睡一个安稳的长觉。

在育儿嫂的协助下，刘佳把家庭生活安排得井井有条，两个孩子的成长也很顺利。在二宝上幼儿园后，刘佳考取了职业资格证，又找到了一份离家近的工作。

育儿嫂则被继续聘用，早晚协助接送两个孩子，白天在家料理家务。虽然刘佳上班挣得的工资，有一半要转付给育儿嫂，但她觉得很值。

老公下班回来，不会被妻子的怨气熏染，也不需要为家务琐事烦心。所以，他也觉得育儿嫂这份支出很值。

总体而言，相比其他婚姻中的难题，家务琐事问题是比较容易解决的。可以通过积极沟通来解决，可以通过合理分工来解决，可以通过工具、机器来解决，可以通过委托外人来解决，还可以通过金钱来解决……只要有心，办法总比困难多。

那些仅仅因为家务琐事而破裂的婚姻，的确是非常令人可惜的。

思考题

1. 你和伴侣因为家务琐事发生过争吵吗？
2. 参考本章内容，你认为可以从哪些方面解决家务琐事的矛盾？

评估婚姻

前面的文章里，我们已经介绍了在一段婚姻关系里人人都会面临的七道考题，假设你已经走进婚姻若干年，那么，你目前经历过几道考验？你又给自己的婚姻打几分呢？

我们先来罗列一下这七道考题：

伴侣选择——你是否嫁（娶）错了人？

差异分歧——你是否接纳或克服了夫妻之间的各种差异与分歧？

原生家庭关系——你是否能妥当地处理包括双方原生家庭在内的家庭关系？

婚姻忠实——你和伴侣彼此忠实吗？

家庭财务——你和伴侣建设好稳定的家庭财务制度了吗？

生儿育女——你能正确应对与伴侣和家人之间关于生儿育女的矛盾吗？

家务琐事——你能和伴侣妥当地安排家务琐事吗？

以上每一道考题，你可以给自己评一个0～10分的分数。分数越高，说明问题解决得越好；分数越低，则说明问题解决得越差。6分代表及格；7～8分代表良好；9分以上代表优秀；0分代表糟糕至极。

如果七道考题的总分高于42分，则这段婚姻达到了及格的水平。如果七道考题中的每一道都解答得完美，那么这段婚姻就可以得70分，但仍然没有达到100分，说明没有达到圆满。

如果真有100分的圆满婚姻，那剩下的30分靠的是机缘，而这不在我们的可控范围内。

任何事物的发展，都是内因和外因共同发挥作用推动的。

我们可以粗略地认为，内因为主，占比70%；外因为辅，占比30%。但外因的30%往往会在特殊时刻发挥关键作用。

张爱玲的小说《倾城之恋》记录了这样一个故事：出自落魄世家并经历过一次失败婚姻的白流苏，有着不俗的容貌和气质，吸引了潇洒富有的单身汉范柳原。综合各项现实条件，范柳原在婚恋市场上更占优势，所以他并不着急给白流苏一个终生约定。

两个情场高手在香港浅水湾饭店斗了几百个回合，若即若离，胜负难分。就在范柳原即将离开香港时，日军开始轰炸浅水湾。在狂轰滥炸的生死关头，两人放下所有心机，成为一对患难夫妻。

成就这段婚恋的是外因，是香港这座城市的沦陷。

那么一段婚恋关系在进行过程中，有哪些不可控的外因呢？

如果把“我”当成内因，那么，“我”的伴侣就是外因。如果把“我”和“我”的伴侣，也就是“我们”当成内因，那么，外部环境就是外因。

“我”可以努力，但“我”的伴侣是不可以完全被掌控的。

“我们”可以努力，但外部环境是不可以完全被掌控的。

所以，在一段婚姻关系里，即便人们再努力，也有不可掌控、不可预知的因素在发挥作用。因此，我们既不要以为自己的婚姻毫无希望，也不要奢求一段绝对安全、完美的婚姻关系。我们要做的是不断努力，通过婚姻关系里的一道道考验，让“我”做到更优，让“我们”的关系更好，这样才能不断提升婚姻幸福的概率。

当“我”把婚姻里常见的七道考题都解答得很好，“我们”的婚姻就可以得70分。或者说，“我”的婚姻幸福的概率就达到70%的程度。这已经十分难得。

现在，我们就可以拿出纸和笔，对照这七道考题，为自己的婚姻作一个评估。

接下来，我们以这七道考题为线索，分析一下几段典型的婚姻。

《红楼梦》是一部传世经典，里面展现了封建制度下的很多典型的婚姻关系。荣国府“大管家”王熙凤及其丈夫贾琏是大家耳熟能详的，我们来看看他们的婚姻能得几分。

第一道考题，伴侣选择的问题，基本可以得10分。虽然书里没有详细讲述王熙凤和贾琏的恋爱、嫁娶过程，但从书的前半部分透露出的两人的亲密互动来看，两人最初走进婚姻是郎才女貌、情投意合的。

第二道考题，差异分歧，即“三观”、性格等方面的差异问题。两人都出身封建贵族阶层，门当户对，“三观”没有本质上的差异。但在性格方面，两人的差异很明显，相对于王熙凤的果敢、毒辣，贾琏显得稍微绵软了一些，尤其是在石呆子事件中（贾琏因没按父亲的意愿去巧取豪夺石呆子的扇子而被父亲贾赦责罚），可以看出贾琏的本性还是善良的，他有自己的道德底线。而王熙凤则自称“从来不相信什么阴司报应”，什么钱都敢挣。所以这一道考题，只能打5分。

第三道考题，原生家庭关系的问题。贾家与王家是亲上加亲的几代联姻关系，再加上封建社会礼教严格，夫妻俩与双方原生家庭都没有明面上的矛盾。虽然王熙凤跟婆婆邢夫人不甚和谐，但邢夫人不是贾琏的亲生母亲，影响不到他们的夫妻关系。所以这一道考题，基本可以打10分。

第四道考题，婚姻忠实的问题。这一道考题，很显然得打0分。即便在允许三妻四妾的封建社会，贾琏在男女关系上还是过于缺乏操守。

第五道考题，家庭财务的问题。虽然夫妻俩生活在不缺钱的贵族家庭，但在婚姻里，王熙凤跟贾琏两人的财务状况是彼此不透明的。王熙凤瞒着贾琏放高利贷，贾琏瞒着老婆拿私房钱讨好其他女人。所以这一道考题，只能打5分。

第六道考题，生儿育女的问题。书里没有写夫妻俩在这个问题上的争执。但王熙凤只生育了一个女孩，在封建大家族，这终究是一个短板，也是家族老人都支持贾琏纳妾的原因。所以这一道考题，只能打5分。

第七道考题，家务琐事的问题。贵族家庭的家务琐事都由下人、仆从承担了，这一类问题对婚姻没什么影响，可以打10分。

综合起来，王熙凤和贾琏的婚姻，可以得到的分数是：10+5+10+0+5+5+10=45分。这样的婚姻，是勉强及格的水平，如果外部环境稳定，也可以维持下去。但最终，外部环境的巨变（元春病逝、贾府衰败）促使这段婚姻走向了死亡。

接下来，我们再分析一下鲁迅的小说《伤逝》里涓生和子君的婚姻。

第一道考题，伴侣选择的问题。涓生和子君两人是自由恋爱、主动选择的，得10分。

第二道考题，差异分歧，即“三观”、性格等方面的差异问题。两人是绝对的情投意合，得10分。

第三道考题，原生家庭关系的问题。两人的婚姻没有得到原生家庭的支持，子君甚至与原生家庭决裂，得0分。

第四道考题，婚姻忠实的问题。两人都对彼此一往情深，得10分。

第五道考题，家庭财务的问题。这道考题几乎只能得0分。子君没有任何经济能力，涓生的微薄收入也不足以支撑一个家庭。

第六道考题，生儿育女的问题。两人的婚姻还没进展到这一步就解体了，所以不扣分。

第七道考题，家务琐事的问题。子君不擅长家务，涓生的收入也雇不起仆从。家务琐事成了损伤两人感情的主要因素。这道考题只能得0分。

综合起来，子君跟涓生的婚姻，可以得到的分数是：10+10+0+10+0+10+0=40分。这段婚姻本身是不及格的（得分率为40/70＝57%），再加上当时民生凋敝的外部环境，子君没有生存能力，涓生又意外失业，两人的生存都无法得到保障，要维持一段40分的婚姻的可能性几乎为0。

杨绛和钱锺书可以说是从民国走到新中国的模范夫妻。钱锺书给杨绛的评语是“最贤的妻，最才的女”。

2003年，92岁高龄的杨绛先生出版了散文集《我们仨》，全面回顾了自己与伴侣大半个世纪相守相助、相聚相失的经历。杨绛和钱锺书的婚恋，是情投意合加门当户对，但在婚姻的经营中，仍然经历了一些磨合，曾经十指不沾阳春水的杨绛，为了支持丈夫的事业，也把自己练成了家务能手。

经历过一次又一次的人生考验，杨绛和钱锺书的婚姻，可以说在七道考题中，都没有失分，是一段接近圆满的婚姻。

他们的婚姻，最大的风险来自外部环境——在那样一段战火纷飞、颠沛流离、黑白颠倒的特殊的历史时期，岁月静好是奢望。

还好，他们夫妻俩的内部关系足够稳定，一起经受住了残酷的外部考验，矢志不渝地携手走到了白头。

稳定而幸福的婚姻，由什么决定

我们论述了婚姻中最重要的七道考题即七重考验，是否能通过这些考验，最终由两个因素决定，第一个因素是实力（可以理解为能力），第二个因素是期望。从解答“伴侣选择”这一道题开始，再到解答婚姻关系中的其他任何一道考题，首先需要的是实力或能力，其次就是对伴侣和他人的合理期望。

关系的平衡或稳定性，主要是由伴侣双方的实力决定的，这个实力包括才能、家世、健康、容貌等。

人们常说，最好的婚姻是势均力敌，主要从两个人的综合实力来评估。

除了实力，还有一个很重要的因素——期望，这个因素决定了婚姻的幸福感。当一个人的期望被满足了，他就会感到幸福；如果期望落空，他就会感到痛苦。

我们可以分别以一个人在婚恋市场的实力和对伴侣的期望为纵坐标和横坐标，分出四个象限，见图5。

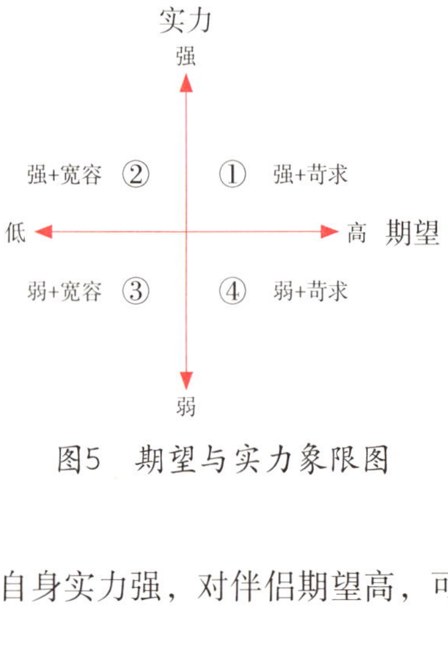

图5 期望与实力象限图

第①象限：自身实力强，对伴侣期望高，可以简称“强+苛求”型。

第②象限：自身实力强，对伴侣期望低，可以简称“强+宽容”型。

第③象限：自身实力弱，对伴侣期望低，可以简称“弱+宽容”型。

第④象限：自身实力弱，对伴侣期望高，可以简称“弱+苛求”型。

婚恋中的“我”，是这四个象限中的某一种类型，同时，有可能成为伴侣的另一方，也是这四个象限中的某一种类型。当两种类型搭配得当，婚姻才更容易获得幸福。

下面，我们分别将男性和女性对应以上四种类型，然后进行排列组合，看看哪一种婚姻组合的幸福感更高。首先以女性作为研究主体。

先分析一下女①，实力强大，同时对伴侣的期望很高，她可以适配的对象是男①和男②。因为女①期望高，只能接受实力强的伴侣，所以只能选择第①象限和第②象限里的男性。但女①+男①的组合也存在风险，因为彼此都很强势，同时对另一半期望很高，这就很容易陷入“权力之争”，引发冲突。这也是很多看似“强强联合”的婚姻走不到尽头的原因。相对而言，女①+男②的组合，婚姻的幸福感更高。反过来，男①+女②也是相对舒适的组合。

再来分析一下女②，自身实力强大，同时对伴侣期望较低，性情宽容。这一类型的女性在婚姻中的选择范围是最广的，因为自身实力强，可以满足伴侣的期望；又因为对伴侣期望低，所以可以“向下兼容”。因此，男①、男②、男③、男④都可以成为女②的选择。“鸡汤文”里所说的“有一种女人，嫁给谁都幸福”，指的就是女②。当然，从来就没有百分之百的幸福保障，只不过女②在婚姻中的幸福感最高。

接着分析女③，自身实力弱，但对伴侣也宽容。同样是宽容型的、对伴侣实力要求不高的男②和男③，都可能成为女③的适配对象。

最后再来分析女④，自身实力弱，但对伴侣要求高。在四种类型的男性中，唯一有可能跟女④组合成稳定婚姻的只有男②，而在婚恋市场上有最多选择机会的男②，选择女④的概率很低。因此，女④这一类型的女性，获得幸福婚姻的可能性极低。

其次，我们将男性作为研究主体，也是一样的结果。

男①最优的适配对象依次是女②、女①；

男②的适配对象依次为女②、女①、女③、女④；

男③的适配对象是女②、女③；

男④的适配对象是唯一的女②。

总结起来，无论男女，处在第②象限“自身实力强+对伴侣期望低”的人，在婚恋市场上适应性最强，获得幸福婚姻的概率最高。

而处在第④象限“自身实力弱+对伴侣期望高”的人，在婚恋市场上适应性最差，获得幸福婚姻的概率最低。

第①象限和第③象限里的男性和女性，获得幸福婚姻的概率是相当的。

分析完这四个象限，接下来，我们可以将自己和伴侣对号入座，思考如下问题：自己属于哪一种类型，伴侣又属于哪一种类型，自己跟伴侣是不是比较稳定的组合？如果感觉到夫妻关系不太好，是哪一方面出现了问题，究竟是实力不匹配，还是期望不能获得满足？

身处婚姻中的人们，有时候并不能对自己和伴侣的实力作出客观的评估。

从我们夫妻关系实训营接触到的案例来看，大部分人一开始会高估自己在婚姻里的实力，低估自己的期望。

“我比他优秀，比他付出多，对他的要求也很低了……”这是咨询者的第一反馈。然而在我们的引导下，通过剥洋葱似的一层层分析，当事人往往会发现自己低估了对伴侣的期望。

论及婚姻中伴侣双方的实力，强或弱，其实都是相对的。有一个比较简单的方式可以判断自己的实力跟伴侣相比究竟是强还是弱。我们称之为“二八法则”，即假设自己经历过十个追求者或婚恋对象，去掉条件最好的那一个，再去掉实力最差的那一个，其他八个的平均水平，就是与你实力最相匹配的。

如果你幸运地与条件最好的那一个结合了，你极有可能是高攀了。在一段高攀的婚姻里，你需要给对方提供较高的情绪价值，或者不断提升自己的实力，不然，婚姻关系就会失衡。

如果你恰巧跟实力最差的那一个结合了，你就属于下嫁（娶）。

另外一个评估婚姻实力是否对等的办法，就是假设自己已经恢复单身，想想能否在婚恋市场找到比前任伴侣更有实力的对象。答案如果是肯定的，则确定自己的实力比前任伴侣的强；如果是否定的，则说明自己的实力比前任伴侣的弱或者相当。

提升自己的实力是解决婚姻问题的第一要务。首先，随着自身实力的增长，伴侣的期望可以得到更好的满足，对方也会给予自己更多的尊重；其次，如果一个人的实力增长到一定水平，那么他在婚恋市场上的选择会更多，即便与当前的伴侣不合拍，也完全可以重新选择。

那么，一个人在婚姻中究竟如何提升实力呢？笼统地提升实力，并不容易操作，我们需要把一个人在婚姻中的实力掰开来分析。

首先，我们来分析一下一个人在婚姻中的实力究竟体现在哪些方面。

回顾本书前面的章节，如何解答婚姻关系中的七道考题，恰恰对应一个人在婚姻中的七种实力或能力。

（1）伴侣选择——识人的能力；

（2）差异分歧——情商和格局；

（3）原生家庭关系——处理人际关系的能力；

（4）婚姻忠实——道德与自律；

（5）家庭财务——赚钱能力和理财能力；

（6）生儿育女——生育能力和教育能力；

（7）家务琐事——动手能力和管理能力。

当然，以上七种能力，对于不同的婚姻，在不同的阶段，排序是不一样的。

如果某一段婚姻经济基础薄弱，那么最重要的能力是第5项——赚钱能力和理财能力（经济能力）。“贫贱夫妻百事哀”，很多适婚男女在相亲市场上会首先考虑对方的经济能力，这很正常。

在很多家庭中，经济问题已经不再是主要矛盾，更重要的是伴侣双方的其他能力，比如第3项，处理人际关系的能力。曾经有一位妻子向我咨询，她的丈夫各方面条件都很好，符合自己的所有期望，唯一的问题是丈夫出身于一个大家庭，而当地都很重视家族关系，这位妻子最头疼的就是如何处理婆家复杂的人际关系。因为经常处理不好与婆家的关系，已经间接影响到了夫妻关系。

在现实中，我们还接触到一些事业有成，但年龄已然不小的单身男性，他们格外看重婚恋对象的年龄，即第6项。他们结婚的主要目的之一，就是希望有人能给自己繁衍子嗣。

在一些家庭中，也有因为子女的教育出现了严重问题而影响到夫妻关系的。

所以，一个人在婚姻中需要提升的实力是涉及方方面面的，任何一项能力存在短板，婚姻都可能出现问题。

曾经有一位咨询者向我们倾诉：自己毕业于国内的名校，已在大型央企担任管理职务。而伴侣毕业于普通大学，收入不及自己的一半。但在婚姻中，自己依然没有获得伴侣足够的认可和尊重。

一旦出现类似情况，就需要对应七道考题一一比较，看自己是否在经济能力之外的其他能力上存在明显的短板。只有找到短板、补齐短板，问题才能得到解决。

分析完实力，我们再来谈谈婚姻中的“期望”。

人们之所以选择婚姻，总是期待着两个人的生活会比单身生活更美好。所以，任何人在走进婚姻时，都免不了对婚姻、对伴侣抱有一定的期望。

而婚姻中的很多矛盾，往往也是因为期望的落空而产生的。

从事亲密关系教学25年之久的美国婚姻问题专家罗兰·米

勒（Rowland S. Miller）认为，期望是否被满足，决定了一个人在婚姻里是否幸福。

前面所述的实力，决定的是婚姻关系的稳定性。稳定性与幸福感，在很多时候并不是同时具备的。比如，我们在回顾自己父辈乃至祖辈的婚姻时，发现他们那一代人的离婚率很低，婚姻的稳定性很好。但是，很多人在所谓稳定的婚姻中并未获得足够的幸福感，甚至有些人终其一生在婚姻里品味到的只有痛苦。一段不幸福的婚姻之所以能维系下去，主要是因为夫妻双方在婚恋市场上的实力仍然是相当的，他们如果离开彼此，都没有更好的选择。

而幸福感，有些时候与实力无关。有人坐在宝马车里哭，有人坐在自行车上笑。这就缘于两者对婚姻和生活的期望不一样。

“我期望伴侣能用自行车载着我前行，他刚好满足了我的期望。”

“我想要的不仅仅是宝马车，我还有很多期望没有被满足。”

一个欲望无穷、期望无限的人，是很难感受到持久的幸福感的。但是，既然我们已经走进了婚姻，还是要正视自己的合理期望。

如果对婚姻完全丧失期望，这样的婚姻也没有必要维持下去了。

那么如何管理期望呢？管理期望，需要人生的智慧，同样需要进行层层深入的拆解和分析。

在阅读下面的文字之前，大家可以拿出纸和笔，调好10分钟的闹铃，列一个自己对婚姻的期望的清单。列完期望清单之后，再结合下文，对自己的期望进行分类、分析。

我们通过对夫妻关系实训营的大量案例进行分析，总结出人们在婚姻中的期望可以被分为三大类：

第一类：改变伴侣的期望。

第二类：填补自我的期望。

第三类：共同承担责任的期望。

先分析第一类，改变伴侣的期望。这一类期望又包含三个小分类。

（1）改变对方性情的期望，比如期望对方能更开朗活泼，期望对方不要那么急性子，期望对方看待事物更加乐观，期望对方不要过于敏感，等等。

（2）改变伴侣的“三观”的期望，包括世界观、人生观、价值观，这“三观”可延伸到具体的行为态度上，比如家庭观、消费观等。

（3）改变对方的习惯和能力的期望，比如期望对方戒烟、戒酒，期望对方少看手机多运动，期望对方赚钱的能力更强，期望对方回家后先换拖鞋，期望对方每天洗完澡后把脏衣服扔进洗衣机里。

再分析第二类，填补自我的期望。这一类期望有一个很明显的特点，即期望里有一个“我”字，比如期望对方多爱“我”，期望对方多给“我”肯定，期望对方能多关心“我”、给“我”安全感。

这一类期望之所以被定义成“填补自我的期望”，是因为“我”的物质世界或精神世界存在一定的空缺。比如，“我”缺钱，期望通过婚姻来填补；“我”缺安全感，期望伴侣来填补。

最后，我们分析第三类，共同承担责任的期望。这一类期望也有一个很明显的特点，即你的期望里会有伴侣双方共有的事物出现，比如家庭、孩子。

“我期望他能跟我一起培养好孩子。”

“我期望他能分担部分家务。”

有关婚姻生活里的期望，一般来讲，都被包含在以上三个类别里。大家可以回顾一下自己所列的期望清单，对它们进行分类标记。

现在，我们来作一个假设：如果这些期望都被满足，会是什么情景？将会得到满分100分的幸福感吗？

然而，这只是一种假设。实际上，这世界上很难有期望百分之百被满足的婚姻。今天，如果你的这些期望都被满足了，你一定会萌生出更多的期望，因为期望是欲望的“孪生姐妹”，它会永无止境地蔓延。

所以，期望需要被分类管控。有些期望需要被放下，有些期望需要被缩减，还有些期望可以通过努力得到实现。

我们来看第一类期望，改变伴侣的期望。婚姻里的绝大多数痛苦主要源于这一类期望未被满足，但恐怕只有很少人能够将这一类期望放下。

加拿大著名的婚姻问题专家克里斯多福·孟（Christopher Moon）说过：“你可以不放弃改造伴侣的念头，一切都是可以改变的，只要有足够长的时间和努力，你一定可以把他变成自己理想的伴侣，只不过这个过程需要时间，要以百年为计。”

世上没有绝对不可变的事，只是需要时间，需要契机。我们可以对第一类期望清单的三个小分类作进一步分析。首先来说性情（气质+性格），性情在很大程度上是由先天的生理性因素决定的。每个人的神经系统存在差异，神经元的敏感度、反应速度、灵活性，决定了一个人的行为方式，这个差异是刻在一个人的DNA里的，就与男人和女人的区别一样，要改变一个人的性情，其难度跟改变一个人的性别差不多，所以说时间上要以百年为计算单位，一点都不夸张。

其次，我们分析一下改变“三观”的可能性。一个人的“三观”是自童年开始，在原生家庭中就定下了基调，然后通过接受教育和积累人生经验进一步塑造起来的。大部分人的“三观”在成年即18岁之前就已经定型。要想改变，难度相当大。当然，成年人的“三观”也并非完全不能改变。比如我们在一些经典名著及影视作品里，会看到主人公在成年以后，因为某些特殊经历或遭遇重大的人生变故，改变了自己的人生观，或者“三观”崩塌，或者顿悟向善。但生活不是戏剧，现实中很难发生这种低概率的偶然。

最后，我们再看第三个小分类，改变对方的习惯和能力。习惯不是一天能养成的，能力也是需要长期训练的。比如抽烟这个习惯，要改变就极其不容易，大家可以想想自己周围有多少戒烟成功的案例，他们又花费了多少时间和付出了多大的努力。

如果要获得这种改变，需要持久的刻意练习，至少要以年为时间计算单位。

通过以上分析，现在我们的思路就比较清晰了。以上想要改变对方的期望，不是不可以有，只是比较难去实现。是放下期望，还是为实现期望而继续努力，这是个人的选择问题。

就好比愚公移山，年复一年地坚持努力，多少也有些希望。但与此同时，我们还要看到更多其他的选择，比如学会适应家门口有一座大山，或者选择搬家，离开这座大山。

分析完第一类期望，我们再来分析第二类，填补自我的期望。心理学家阿尔弗雷德·阿德勒（Alfred Adler）曾说：“我们每个人终其一生都在寻求归属感和自我价值。”所谓归属感，就是被爱，被一个大家庭或团体接纳；所谓价值感，就是能为其他人做贡献，能被其他人需要。归属感和价值感，是由我们的童年成长经历决定的。如果我们从小被自己的父母及其他家人认可和接纳，并且被他们需要和重视，那么成年后，我们的内心便是丰盈而有力量的。

反之，一个人缺少归属感和价值感，多半与童年生活经历、原生家庭的养育方式有关。

一个从小缺少归属感和价值感的人，在以后的人生里，会孜孜不倦地追求这两种感受，只是追求的方式不尽相同。一种方式是通过自己的努力，以积极的方式提升自己，丰盈自己的内心，并且为社会和他人做出贡献，那么被爱和被认可，是自然而然的。

而另外一种方式，则是向其他人索取爱和认可，我们可以称之为“情感勒索”。这一类人会“绑架”身边的人，认为自己开心与否、幸福与否、重要与否，都必须由身边的某些人负责。很多人在一段亲密关系里，会向伴侣进行过度的情感勒索，最后导致关系破裂、伴侣远离。

如果我们自己刚好是这一类人，或者性格接近这一类人，我们需要刻意提醒自己：放下期望，面向自己。我们童年缺失的东西，以及我们的原生家庭造成的缺憾，不应该全部由伴侣负责填补，我们必须自己先填满自己。

那么具体怎么做到呢？这是一个大课题，需要终身学习、终身努力。我们的夫妻关系实训营也有进一步讲解，此刻正在阅读本书的你，已经迈开了“填补自我”的第一步了。

分析完前两类期望，最后我们来看第三类，共同承担责任的期望。在这三类期望里，只有第三类是最值得去努力实现的。我们跟伴侣组建了家庭，就好比两个合伙人组建了一个公司，这个公司要运营下去，合作双方就必须一起努力，一起承担风险和损失。否则，这个家，这种婚姻的组合，就失去了意义。

因此，我们可以对伴侣提出共同承担责任的期望，这一类期望也是合理的。但这一类期望也并不容易实现，比较普遍的原因是夫妻双方没有制定共同目标。

比如说，教育孩子是夫妻双方共同的责任，但如果妻子和丈夫的目标不一致，妻子希望把孩子培养成社会精英，丈夫希望顺其自然，让孩子普普通通就好。在目标不一致的情况下，如果妻子期望丈夫能配合自己的节奏去教育孩子，那么她的期望就很容易落空。

共同目标的制定没有想象中容易，尤其是在夫妻双方性情差异较大的情况下。很多时候，在探讨共同目标时，夫妻双方都需要作出妥协，各退一步，然后达成一个折中的目标。

如果夫妻双方都坚持认为“我的就是对的”“我的目标就是你的目标”，就没法达成夫妻之间的共同目标了。当然，你仍然可以坚持自己认为“对”的目标，只不过一切相关的投入、后果，都应由自己承担。如果自己单独承担不了，还是尽可能地与伴侣一起达成一个双方都能接受的共同目标。

有了共同目标以后，夫妻双方还需要继续沟通、探讨，将目标分解，然后进一步进行分工，落实到每一天的具体行动上。自己需要承担哪些，伴侣需要承担哪些，两人在关键节点上如何配合，每一件事情都需要双方沟通清楚。

因此，最关键的手段是沟通。沟通是解决夫妻矛盾、达成共识、满足期望的重要手段。

美国心理学教授艾伯特·马伯蓝比的研究指出，人与人之间的沟通效率，7%取决于你说话的内容，38%取决于你的语调，55%取决于你的肢体语言。

语调和肢体语言是由沟通态度决定的。态度是由自己的认知和心态决定的，很难伪装，也很难快速改善。不少人在发现自己沟通能力不足后，会致力学习沟通技巧，乃至话术。这最多只能影响到沟通效率的7%，解决不了根本。

而认知的提升和态度的改善是需要系统学习和持久练习的，包括本书前面叙述的挑战七道考题和七项能力，都决定了你跟伴侣沟通时的心态。在我们的夫妻关系实训营中，也会通过“夫妻动画剧场”具体展示夫妻之间如何沟通，尤其是当对方处于消极状态时，如何有效推进沟通。

解决任何问题，都需要将“道、术、器”三者结合来进行。

关于离婚

如果经过综合评估，自己的婚姻在七道考题上的总体表现不及格，即总分低于42分（7×10×60%＝42分），以及自己跟伴侣在实力与期望上明显错配了（实力不匹配，期望难满足），那么这段婚姻解体的可能性很大。你有必要把“离婚”作为自己人生的一个选项。

但离婚本身也是一道复杂的考题。如果这道考题解答得好，离婚就是一种解脱，可以让一个人告别痛苦，走向幸福和希望。

如果离婚这道考题解答得不好，那么，离婚会让你的人生进一步沉沦，从此变得更糟糕。

那么，如何解答好离婚这道考题呢？有很多相关问题要考虑。下面，我们将逐一分析。

第一个要考虑的问题就是婚姻解体时面临的家庭财务问题。

家庭财务问题，在婚姻关系建立之前很重要，在经营婚姻的过程中很重要，在婚姻出现危机及面临解体时更加重要。

当婚姻达不到及格水平、夫妻关系极差、离婚成为一种可能的时候，经济因素将成为能否度过离婚危机的决定性因素之一。

下面分享几个案例。

刚过完30岁生日的李婷，发现丈夫出轨了，几经努力，几番折腾，丈夫仍然不思悔改，李婷心灰意冷，决定离婚。

如果离婚，李婷面临的最大问题就是经济问题。因为孩子还不到两岁，李婷想自己独自抚养却没有收入，只能指望离婚财产的分割及孩子的抚养费。不幸的是，在婚姻存续期间，李婷一直对家里的财务状况不太清楚。经过大半年的“离婚战”，在丈夫的操作下，家里已经没有任何存款，只剩负债。如果离婚，李婷和孩子根本得不到有效的经济保障，连生存都是问题。

最终，李婷不得不忍辱负重，暂缓离婚。

孙娟和老公也因为感情不和，打算离婚。但两人结婚多年，又曾一起创业，开过几家公司。家庭财务和公司财务混在一起，离婚财产的分割也成了难题，双方都请了律师，支付了不菲的律师费，花了将近两年的时间才打完离婚官司。

所以，在婚姻关系稳定运行时，也要有一个健康、清晰的家庭财务制度。一旦婚姻出现危机，更需要理智的经济头脑，保障自己的合法权益。

所有走进婚姻的人，都应该对《民法典》里有关婚姻家庭的内容有所了解。一旦产生了离婚的念头，第一步不是冲着配偶嚷嚷“离婚”，而是应该仔细研究一下《民法典》里关于婚姻家庭的内容，尤其是关于婚内财产的阐述。在此，我们将相关内容摘录如下：

知识拓展

《民法典》节选

第一千零六十一条　夫妻有相互继承遗产的权利。

第一千零六十二条　夫妻在婚姻关系存续期间所得的下列财产，为夫妻的共同财产，归夫妻共同所有：

（一）工资、奖金、劳务报酬；

（二）生产、经营、投资的收益；

（三）知识产权的收益；

（四）继承或者受赠的财产，但是本法第一千零六十三条第三项规定的除外；

（五）其他应当归共同所有的财产。

夫妻对共同财产，有平等的处理权。

第一千零六十三条　下列财产为夫妻一方的个人财产：

（一）一方的婚前财产；

（二）一方因受到人身损害获得的赔偿或者补偿；

（三）遗嘱或者赠与合同中确定只归一方的财产；

（四）一方专用的生活用品；

（五）其他应当归一方的财产。

第一千零六十四条　夫妻双方共同签名或者夫妻一方事后追认等共同意思表示所负的债务，以及夫妻一方在婚姻关系存续期间以个人名义为家庭日常生活需要所负的债务，属于夫妻共同债务。

夫妻一方在婚姻关系存续期间以个人名义超出家庭日常生活需要所负的债务，不属于夫妻共同债务；但是，债权人能够证明该债务用于夫妻共同生活、共同生产经营或者基于夫妻双方共同意思表示的除外。

第一千零六十五条　男女双方可以约定婚姻关系存续期间所得的财产以及婚前财产归各自所有、共同所有或者部分各自所有、部分共同所有。约定应当采用书面形式。没有约定或者约定不明确的，适用本法第一千零六十二条、第一千零六十三条的规定。

夫妻对婚姻关系存续期间所得的财产以及婚前财产的约定，对双方具有法律约束力。

夫妻对婚姻关系存续期间所得的财产约定归各自所有，夫或者妻一方对外所负的债务，相对人知道该约定的，以夫或者妻一方的个人财产清偿。

第一千零六十六条　婚姻关系存续期间，有下列情形之一的，夫妻一方可以向人民法院请求分割共同财产：

（一）一方有隐藏、转移、变卖、毁损、挥霍夫妻共同财产或者伪造夫妻共同债务等严重损害夫妻共同财产利益的行为；

（二）一方负有法定扶养义务的人患重大疾病需要医治，另一方不同意支付相关医疗费用。

虽然法律条文字字句句清晰、有效，但现实生活往往更加复杂。一部分“用心”的人非常善于钻法律的空子，而另一部分只用情绪不用心的人，往往连法律赋予的基本权益都争取不到。

当夫妻感情每况愈下时，无论身处其中的人感到多么沮丧、愤懑，都应保持理智，算好经济账，如此才能将损失降到最低。

有一位妻子，每次对丈夫不满意时，就吵着要“离婚”。而丈夫就“理智”得很，每当妻子闹离婚，就偷偷转移一些夫妻共同财产。当女人第N次闹离婚时，男人已经把财产转移完了，把对自己不利的证据也消除干净了。于是，男人就直接拿出准备好的离婚协议书，爽快地同意离婚。女人瞬间傻眼，因为她从未真正想过离婚，也从来没有为离婚做过一点现实的打算。她的所言所行，通通只为发泄情绪。结果，迎来了如此一个对自己大不利的结局。

无论是经营婚姻，还是经营人生，都需要极大的理性和智慧。只会使用“情绪脑”的人，大概率是输家。

下面，再与大家分享另外一个故事，看看一个拥有理智脑和经济脑的女人，如何处理婚姻危机。

何萍是一位全职妈妈，她的丈夫是一位小有成就的企业老板。结婚八年，孩子三岁多时，何萍开始听到一些关于自己丈夫出轨的风言风语。虽然心里很不好受，但何萍意识到自己在经济上处于弱势地位，如果贸然与丈夫撕破脸，于自己，于孩子，百害无一利。况且自己并没有拿到丈夫出轨的实证。

何萍努力克制情绪，但光靠压抑自己并不能解决问题。于是，何萍去找心理咨询师做了婚姻问题的咨询，并且报班系统学习如何经营夫妻关系。通过学习，何萍抽丝剥茧地厘清了自己和丈夫之间的问题，然后先从改善自我开始，加强了与丈夫的正面沟通，降低了自己的控制欲。丈夫也渐渐改善了对何萍的态度，两人的关系似乎有了回暖的迹象。

但何萍依旧默默做好了最坏的打算。她首先厘清了家庭资产的情况，做了一些稳妥的投资置业，又为自己和孩子买了所有能买的保险。

正当何萍做好了准备，也调整好了心境，以为婚姻可以安然无恙地维持下去时，某一天，何萍接到一个陌生女人的电话，对方嚣张地劝她“放手”。虽然何萍备受打击，但她还是克制住了情绪，并且悄悄对通话进行了录音。

丈夫回家，何萍流着眼泪，大声播放了通话录音，“小三”的嚣张，何萍的受伤，显而易见。

男人没做任何辩解，痛哭流涕地向妻子认错、忏悔。何萍善解人意地表示：“如果她是真爱你的人，而不是你的钱，我愿意放手。”

最终，夫妻俩协商出一个方案：暂时离婚，男人净身出户。一方面，给夫妻双方一个心理调整的空间；另一方面，也想考验一下“小三”的心理动机。

离婚之后，“小三”对这个净身出户的男人，果然很快丧失了热情。不到一年，男人就和“小三”闹掰了，又提出了跟何萍复婚的请求，但这时，主动权就完全掌握在何萍手里了。

除了经济问题，离婚要考虑的第二个问题是社会关系的问题。

正常的人类都是社会性动物，都需要生活在一定的社会关系中。一般而言，一个人从出生到进入社会，主要会建立这样几类关系：亲密关系（伴侣关系及亲子关系）、同胞关系、朋友关系、同事关系、邻居关系等。

越是排在前面的关系，对一个人的人生越重要。

个体心理学创始人阿尔弗雷德·阿德勒认为，一个人想要以健康的心理存活于世，离不开归属感和价值感。价值感由实力和能力决定，而归属感由关系决定。

广义的亲密关系，包括伴侣关系，以及自己跟父母、子女的关系，这是提供归属感最重要的依托。

另外，比较紧密的同胞关系、朋友关系、同学关系、同事关系，以及其他社会关系，也能带给人一定的归属感。

假设一个人离婚了，暂时没有伴侣爱护自己，也没有婚姻给自己提供归属感了，他就需要认真思考还有哪些关系能给自己带来归属感，自己的父母、子女，抑或是手足、朋友？

有没有伴侣之外的其他人能够关心你、爱护你、接纳你和包容你，这决定了一个人离婚之后能否有一个健康的心态面对接下来的人生路。

我们接触过很多身处痛苦的婚姻却不敢做出割舍的人，主要原因就是除了婚姻，他们没有其他亲密关系、社会关系可以作为自己的情感依托。

还有一些人，在婚姻中遭遇不公，敢于决绝地提出离婚。

这些人往往是有较为强大的亲情、友情作为情感依托的。

这也反过来说明，当一个人走进婚姻之后，不要忽视婚姻之外的其他社会关系。比如，自己的父母、同胞，以及知心且可靠的朋友、同学、闺蜜。

一个人的社会关系越健全，安全感和归属感也就越充足，当他面临危机时，可以获得的精神支持和物质支持也就越多。

举个例子，我有一个读者晓英，她在结束一段痛苦的婚姻之后，失去了自己的住所。这时候，她的父母无条件地接纳了她，让她搬回了自己家。她最要好的闺蜜专门抽出时间听她倾诉，陪她散心。同时，她还有一份稳定的工作，与同事关系也处理得不错。离婚后，她积极参加公司各项团队活动。只花了几个月的时间，晓英就从上一段婚姻的阴影里走出来了。

离婚要考虑的第三个问题就是个人的内在精神是否独立、丰盈。

前面提到的经济基础、社会关系，对于一个人的心理都有很强的支持作用。但一个人的社会关系再多再好，大部分时间还是要学会自己与自己相处。再亲密的人，也不可能整天围着你转。

如何评估一个人的内心是否独立、丰盈呢？就看他在较长的独处的时间里，能否生活得丰富、充实，并且保持内心的宁静。

举个最简单的例子，假设你现在获得了两个月的假期，在这个假期，你的父母、亲人、朋友、同事都没时间陪你。你能否安宁而充实地度过这个漫长的假期？你每天会给自己做什么样的安排，是空虚的，还是充实的？你的心情会怎样，是宁静平和，还是自怨自艾？

很多人进入婚姻之后，每天过得非常忙碌，是无法想象这种“漫长的假期”的。那么，我们可以再举一个例子：假设你目前还在一段稳定的婚姻关系里，某一段时间，伴侣要出一趟远门，历时一个月。在这一个月里，伴侣跟你的联系极少甚至没有联系，你将如何自处？

我们在夫妻关系实训营里接触过这样一位妻子，她与丈夫关系不太好，在一起时天天吵架，而一旦丈夫出差几天且不给自己发消息和打电话，这位妻子就内心惶惶、难以自安。很显然，这位妻子内心既不独立，也不丰盈。

一个人如果内在精神不独立、不丰盈，可以说他就不太具备离婚的心理素质。

总而言之，离婚是需要一定的素质和实力的。软实力（心理素质、社会关系）和硬实力（经济基础、生存技能）都不可或缺。我们可以将其概括为“离婚力”。

前面所述的“婚姻关系不匹配、不幸福、评分低”，可以作为离婚的必要条件。而一个人具备足够的“离婚力”，才是离婚的充分条件。当离婚的必要条件和充分条件都具备了，“离婚”这件事就水到渠成了。

如果只具备必要条件而不具备充分条件，是否就一定不能离婚呢？这不能一概而论。离婚，从来就不是瞬间完成的，而是存在一个较长的过程和考验，有些人在这个过程里沉沦，而有些人能在考验里成长。

婚姻可以成就一个人，也可以毁了一个人。

离婚也是如此。

思考题

1. 通过对七道考题的评估，我为我的婚姻打几分？
2. 我的婚姻稳定和幸福吗？
3. 我是否具备足够的“离婚力”？

案例解答

自我们从事婚姻问题咨询工作以来，我们接触到了许多带着问题前来咨询的妻子和丈夫，他们的问题涉及婚姻的方方面面，不过大部分都在我们前面概括的七道考题里。而在我们的夫妻关系实训营里，因为对每一位学员进行了较长一段时间的跟踪辅导，我们还发现了一些婚姻问题变化发展的规律——一道难题解答不好，就会引发另一堆难题；反之，如果解决了婚姻中的关键问题，其他问题也都相继有了解决的希望。

在本书的最后一章里，我们将以往一对一咨询中解答过的典型问题，按类别整理出来，供读者朋友们参考。

你有婚姻情感上的诉求吗？扫描下面二维码，关注“广经书院”微信公众号，在对话框输入“我要幸福婚姻”，按提示输入对应信息，即有机会获得两位作者的答复。

我们陪你学会爱，收获幸福。

情感与忠诚

问题1 我为孩子和家庭付出很多，老公还是责怪我

两岁的儿子昨天感冒了，我请假一天没上班，专门在家照顾儿子。儿子很缠人，我又要忙着做晚饭，便没工夫收拾家里。晚上老公下班回来，一进家门就拉着一张脸，我忙着摆放晚餐，儿子就哭闹着要爸爸，老公就发起脾气来，怪我没把孩子照顾好。我忍着脾气没和他吵架，但心里很委屈。我已经专门请假照顾孩子了，还要做饭，也很辛苦，他完全看不到我的付出和努力，只知道在鸡蛋里挑骨头。对于这样的“队友”，我真是有点绝望，感觉什么都指望不上。

A 咨询回复

能够理解你的委屈。单纯从你描述的老公发脾气这件事来说，他的确有点小题大做。但你控制住了自己的脾气，没有让矛盾升级，这很难得。冷静下来，当我们发现伴侣小题大做、不正常发脾气的时候，可以思考一下：他是不是遇到了一些别的麻烦，或者心情本来就不好，才借题发挥呢？

也许，我们可以真诚地问一句“今天工作中遇到什么麻烦

了吗，还是老家有什么事发生？”，等等。一方面是对他表达关心，另一方面则可以转移话题。或许通过这样的沟通，能让他意识到自己的情绪问题。

如果长久以来都存在“我付出了很多，而他还不满意”的情况，我们要反思：为什么自己付出了很多，对方还是看不见呢？

我们夫妻关系实训营的课程里提到过这样一个观点：“重要的不是我们做了什么，而是对方感受到了什么。”

如果我们的付出没有得到积极的回应，只有两种可能。

第一种可能：付出方式不对。“我”的付出，并不是对方最想要的。比如，丈夫下班回家最想要的是一刻清净，而并不是吃一顿多么丰盛的晚餐。

第二种可能：“我”过度付出了，甚至“过度”到让对方少了应有的参与感和责任心。比如，对于双职工家庭，照顾孩子及处理家务琐事都是夫妻可以共同分担的。从一开始，夫妻双方就需要做出合理的家务分工，而不是自己独自全力投入。如果对方不肯分担，自己也不必面面俱到，可以在告知对方自己精力有限的情况下，只承担自己愿意承担的一部分。哪怕自己还有多余的精力，也不要越俎代庖，倒不如留一点时间给自己，进行锻炼或者休息。

“多做自己心甘情愿想做的事，少做讨好对方或寻求回报的事”，秉承这个原则，可以消除自己的付出感或委屈感。

问题2 老婆只围着孩子转，我想找个红颜知己

我老婆是一个性格很温柔的女人，我们的夫妻感情以前也很不错，但是自从有了孩子以后，老婆就几乎把所有温柔和耐心都给了孩子，对我越来越忽视。说实话，我每天上班压力很大，有时候下班回家，很希望能找人倾诉，也希望得到老婆的关心。我提了几次，但老婆认为孩子还小，更需要妈妈，我一个大男人，不应该太矫情。她既然这么说，我也不好意思多纠缠她。但时间久了，觉得夫妻关系越来越淡。有时候夫妻两人有时间在一起，也感觉无话可说。周末时，我宁可去找哥们一起踢球、钓鱼。最近一段时间，我甚至还想上网找个可以倾诉的红颜知己。我知道这种想法有些危险，所以特意前来咨询你。

A 咨询回复

感谢你的信任。你能在意识到“想法有些危险”的关键时刻，踩了一下刹车，前来做咨询，这是你的幸运。如果你已经迈出了危险的一步，并且对婚姻造成实质性的损害，问题就很麻烦了，简单的咨询也帮不了你。

从你的描述来看，你妻子身上有很多难得的优点（温柔耐心、对孩子负责任），你俩的感情基础也不差，这样的伴侣值得珍惜。

但现在婚姻出现了问题也是客观事实。你要思考问题的原因出现在哪里，是妻子变坏了吗？如果妻子换一种方式，只求与你享受二人世界，不养孩子，甚至不生孩子，你能接受吗？

稍微思考一下，我们可以分析出问题的关键是孩子的到来占据了妻子的精力，而任何人的精力都是有限的。所以解决问题的关键是帮助妻子减轻育儿负担，这样她才有多余的时间陪伴你。

那么如何减轻妻子的育儿负担？最简单的办法就是做丈夫的你去多分担。养育孩子本身就是父母双方的共同责任。照顾孩子，不仅仅是一种精力消耗，也是一种感情投资，而且是回报率很高的投资，你把时间花在孩子身上，绝对比花在其他业余爱好上更值。

如果你事业忙，实在没有精力分担家务，那么你就发挥你的事业特长，赚取足够的收入，聘请一个保姆，这样也能把妻子的一部分时间解放出来。

找个时间，认真与妻子沟通商量，相信办法总比困难多。千万不要在婚姻以外寻找情感安慰，否则引火烧身，最后一发不可收拾。

问题3 我是个顾家的男人，老婆还是对我不满意

我和我老婆都是上班族，目前生活在一线城市，有房有车。虽谈不上大富大贵，但也是比下有余。老婆工作时间比较自由，只需要上午坐班，下午可以提前回家，接孩子放学、辅导孩子功课。我工作很忙，最早也要到晚上七八点

才下班，有时候甚至要加班到九十点。但我下班以后，会主动洗碗、拖地，把能做的家务都做了。有时候下班早，还会辅导孩子作业。周末有时间也会带孩子出去打球或做其他运动。我自认为已经比周围大多数男人都要顾家了，但老婆总是对我不满意。我做什么，她都挑刺。每天下班回家，她都没有好脸色对我。我就不明白老婆为啥这么不知足，总是对我不满意。我脾气也算好的，她经常抱怨我、骂我，我都不吭声，还会默默做完手里的活，然后一个人待在客卧里冷静。对了，因为争吵太多，我又无力解释，我已经独自睡客卧好几年了。

A 咨询回复

如果你的描述都是事实，你确实是一个很难得的顾家的好男人。你妻子对你的挑剔和不满，可能存在其他方面的原因。毕竟婚姻是两个人身心灵肉的全面结合，除了孩子、家务，还有很多其他因素也要考虑。你再仔细思考一下：妻子的脾气是从什么时候开始变坏的？你们这段婚姻的存续过程中，有哪些关键事件导致夫妻关系出现了变化？

如果夫妻之间没有实质性的裂痕，大部分问题可以通过沟通解决。你的妻子喜欢抱怨、指责，这确实是不太好的一种沟通方式。但你的不吭声、不回应也不利于问题的解决。如果语言交流总是不畅，作为夫妻，身体的亲密接触也是一种有效的交流方式。你提到你们夫妻俩已经分房睡好几年了，想必这方面的交流是很不够的。身体交流的减少极有可能就是妻子对你不满的主要原因，只不过，她羞于直接表达，就在其他方面对你找碴。

就先以此为突破口吧。比如，今天下班回家后，先给妻子一个深深的拥抱，然后认真跟她商量，结束分房睡的状态。

问题4 老公出差，不回微信也不接电话

老公出差在外时，很少给我发信息和打电话，不主动向我说他出差的情况。有时候我打电话过去，他也不一定接；发消息，他也不一定及时回。我经常感到很失落。有时候想多打几个电话过去追问，又怕影响他的工作和应酬，尤其是怕他被同事笑话。

昨天晚上，孩子好像有些不舒服，总是缠着我，闹腾个不停，我怀疑孩子生病了，想着第二天是否要带孩子去医院，就给出差的老公打电话、发微信，他却电话不接、微信不回。直到今天早上，我才看到他半夜里回复我的消息。我心里很不舒服，不相信他真的那么忙。

A 咨询回复

相对女性来说，男性一般都不太善于表达，特别是事业心重的人，工作起来会有废寝忘食的状态，什么都想不起来。妻子可以试着先从这个角度去理解，减少心里的一些怨气。

从你之前反馈过的情况来看，他不愿意回信息也可能还有一个原因，即平时你对他关注太多，一旦出差在外，他就想暂时逃离两天。夫妻两人既要有彼此独立的空间，又要携手合作，具体哪些需要独立，哪些需要合作，请参考我们的夫妻关系实训营第7课“放下期望有多难”。

但是妻子的需求也应该被看见。丈夫出差在外，妻子的担心和思念是人之常情，尤其是家里发生的一些重要事情，也有必要及时传达给对方。因此，需要找一个机会，夫妻二人就此事郑重商谈，约定一些“沟通原则”。比如如果白天太忙，晚上约好一个时间看信息、沟通；如果当时没空回消息，晚些时间有空了一定要回复；如果没有急事，彼此不要打电话；一旦打电话，必定是紧急事务，尽量及时接听。

另外，我们可能还需要进一步提升自己的认知，提升自己的境界，丰盈自己的内心，逐步减少对丈夫的依赖。而一个独立又内心丰盈的女性，也会让男性更加欣赏，更愿意主动来寻求沟通。

问题5 丈夫忙于工作，我感觉被冷落

今天老公难得下班早，回家就陪我一起做家务，不到一会儿，老公公司电话打过来，老公又得出去加班。我很生气，要求老公做完卫生再出门，他拖完了地，刷完了鞋，然后还是出去了。他经常都是如此，要么下班很晚，要么在家里不停地接工作上的电话。要么就像今天，在家没待多久

就因工作上的紧急事务被叫走。而我的工作没那么忙，下班早，所以经常只能一个人在家。我感觉到自己对老公有些依赖，老公不在家的时候，我就很缺乏安全感。我在想，是不是因为我的工作太闲，太让我没有价值感了。如果换一份工作，让自己忙起来，会不会更好？

A 咨询回复

理解你的感受，亲密关系确实需要亲密陪伴。如果丈夫因为工作太忙，长期不能给家人有效的陪伴，我们除了生气，还可以坦诚地沟通，表达自己的心理感受。比如，我们可以试着约定一个每天10分钟的特殊“夫妻时光”来进行沟通和陪伴。相信无论有多忙，10分钟时间还是可以挤出来的。如果每周末能有固定几小时的夫妻共享时光，那就更好了。

丈夫工作忙碌，回到家也愿意为妻子分担家务，这已经很值得肯定了。有的人工作积极、努力，就少了陪伴家人的时间；而有的人工作不积极但有大把时间自由支配，这时可能又会让人感觉不够上进。这世上没有完美的人，我们试着对对方多一些理解，多一些体谅，毕竟他也是在为这个家奋斗。

妻子已经反思到自己的问题，对丈夫太依赖。那么如何改进呢？工作确实能给人带来价值感，但是我们每个人都有多重角色，除了员工、妻子，我们还是女儿、朋友等，最重要的还是我们自己。在每一个角色里去找到自己的位置，自己为自己创造价值感，能将对丈夫的过度依赖适当减少。

问题6 老公冷暴力，我很想离婚

我跟老公是通过相亲认识，然后闪婚的。当时我正经历失恋，被前任男友甩了，跟现任闪婚多少带点赌气的成分。结婚以后，我才发现彼此有多么的不合适。老公除了婚前会花言巧语，他的性格、“三观”、责任心，没有一样是在线的。平时除了工作，就是跟哥们出去玩乐。结婚后，我很快怀了孩子，他依然不顾家。有了孩子以后，我辞职在家照顾孩子，每天很累，脾气也变得暴躁，如果老公不在家我就会生气，他回到家，两个人也是吵架，吵得多了，老公干脆不搭理我，对我冷暴力。上周，他跟我吵完架后，就一个人搬到客卧睡，每晚早早就把自己关进客卧玩手机。我一气之下，把客卧砸了个稀巴烂。然后他就干脆搬到单位宿舍去住了，至今已经5天了。微信也把我拉黑了，不给我任何消息。我一个人在家带着孩子，绝望得要死。我真的受不了他这种冷暴力，很想与他离婚，可是看着不到两岁的孩子，我又很纠结。

A 咨询回复

婚姻中的冷暴力确实非常消耗夫妻感情。那么冷暴力究竟是怎么产生的呢？从你的故事里，可以看到很清晰的发展路径：首先是夫妻之间产生了矛盾，然后是双方无法正常沟通，再是矛盾越积越多，冲突进一步升级。最后的发展结果只有两种：一种是发生肢体冲突乃至家暴，另一种就是你目前面临的冷暴力。冷暴力不会造成肢体伤害，但情感伤害和家暴不相上下。这个冷暴力结果的产生，夫妻双方都有责任。如何改变这种状态？期待对方忽然洗心革面？这几乎不可能。唯一的希望是你自己先作出改变。你可以再回顾一下，你俩的夫妻关系发展到如此境地，自己有没有做得不好的地方，有没有改进的可能。有的话，尽可能去改。比如改变说话方式，把唾骂改成求助式的倾诉，再把倾诉改成理性沟通。比如为自己的破坏行为道歉，主动把损毁的卧室收拾好。

我们知道对方的错可能比你更多，现在还要让你先改变，感觉很难。但离婚对你来说可能更难。很多时候，糟糕的生活令人左右为难，我们只能先从两种很难的选择里选相对不难的那一种，两害相权取其轻。

离婚和结婚一样，都是需要深思熟虑之后才能作出选择。你在做“结婚”这个选择时，没有经过深思熟虑，你已经为此付出了代价。现在面对“离婚”这个念头，你更需要深思熟虑。夫妻关系不好，对伴侣不满意，这只是离婚的必要条件。而离婚的充分条件，是你已经具备离婚之后可以活得更好的底气。这个底气，需要物质和精神双方面的支撑。你反思一下，现在你具备这些条件或底气了吗？如果没有，先不要冲动地说离婚。现在丈夫搬出家门，夫妻俩少了正面冲突，也许正是你冷静思考的时机。

问题7 婚姻乏味，我做了上司的情人

我和老公是大学同学，从大一开始谈恋爱，毕业一年后就结婚了。可能是因为恋爱时间太长，进入婚姻后，彼此都觉得少了激情。再加上我俩工作都很忙，所以投入家庭的时间很少，偶尔展开一些共同活动，也因为节奏不合拍而争吵。时间久了，我们就干脆互不干涉了，变成了室友关系。

就在我感到婚姻乏味，对生活丧失热情的时候，老章走进了我的生活。老章是我的部门主管，比我大11岁，气质温厚儒雅，在工作中，他经常像导师一样对我耐心指导。有一次与老章一起出差，他似乎觉察到我的某种情绪，就主动与我聊起了婚姻、家庭和人生，他说他已经结婚多年，儿子也上小学了，但他老婆大部分时间围着孩子转，毫无情趣，夫妻俩很少有共同话题。

我也向老章倾诉了我对婚姻的失望。老章像兄长一样耐心劝导我，还让我好好体谅老公，珍惜婚姻。我为他的格局所感动。但就在出差当晚，我和他共进晚餐时多喝了几杯，就发生了不该发生的事。事后老章诚恳地向我道歉，说以后彼此就当个知己，别再做伤害家庭的事。我一点都没有责怪他，反倒钦佩他对家庭的责任心。事情发生后，他在工作上给我的照顾更多了，甚至在我母亲生病后，大度地向我转账1万块钱，让我去给母亲治病。真是比我那亲老公有情有义多了。

因为我俩几乎每天都要一起共事，时间久了，我对老章的爱慕难以自制，估计老章也一样，很快，我又跟他发生了第二次性关系。到后来，我们终于发展成了每周拿出固定时间约会的地下情人，至今已经半年。然而时间越久，我越不满足于当下这种关系，内心非常渴望能与这个男人名正言顺地共度一生。可是，我知道他是个对家庭很负责任的男人，不会为了我离婚。而我自己对于家里那个可有可无的老公，也下不了离婚的决心。每次与老章进行短暂的肉体欢愉之后，我就陷入更多的痛苦和迷茫，不知道未来的路究竟该怎么走。

A 咨询回复

我注意到你几次用“负责任”去形容一个瞒着老婆婚内出轨的男人，恐怕你对这个词有什么误解。一个真正负责任的男人，是不会出轨的。他对你的有情有义，都是建立在对另外一个女人的无情无义之上的。

如果你不能理解这一点，你可以想象一下，如果你的老公也像老章一样出轨，还把自己的婚内收入孝敬给情人的妈妈，你会有什么感受？你不会觉得你老公很负责任吧？

如果你出于私心，不顾及原配的感受，或者以为老章出轨是因为爱你，那你就更大错特错了。如果他真的爱你，就不会让你做见不得光的地下情人；如果他真的为你好，就不会消耗着你的青春，侵蚀着你的婚姻，陷你于痛苦和迷茫了。

老章一开始就声明“不能伤害家庭”，其实是给你明确划定了“情人”或“第三者”的身份。你永远只是他正餐后的点心，或工作之余的爱好。他在诱惑你出轨的同时做出如此“负责任”的约定，只是为了心安理得地享受齐人之福。而至于你的未来，他妻子的痛苦，都排在了他自己的欲望之外。

判断一个人的人品如何，不在于他说了什么，更在于他做了什么。只要这个男人对你产生了不轨行为，那么他所有的精神关怀或其他善行都只是陷阱。偏偏很多感性的、恋爱脑的女人都分辨不出来。在这里，我们可以总结一条简单规律：当一个已婚男人在与你谈情感、谈婚姻，尤其是谈论自己的婚姻不幸时，你就要警惕了——你已经成了他的猎物。异性同事或朋友之间的交往，都是有界限的。同事之间聊工作，聊时事，聊天气，这都没问题。一旦聊起婚姻、感情这些隐私话题，就越界了，这大概是在为不轨行为做铺垫。

最后再说说你现在怎么办。首先，你需要正确地理解什么是婚姻。婚姻不是永远靠激情维系的，必须面对从激情走向亲情、从爱情走向责任的一段历程，这其中，注定要面对油盐酱醋、生儿育女、家庭关系等各种各样的事情。哪怕你换一个再完美的老公，你始终必须面对这一切。说句难听的话，如果你只想享受两性之间的浪漫、激情，而不愿意面对这些正常婚姻里的平凡、琐碎，你就只适合做地下情人。

如果你还想拥有一个正常的婚姻，享受正常的人间烟火，一定要先从这段不伦的婚外恋中走出来，建议最好是辞职、远离老章的诱惑。

你与丈夫婚姻里的问题，应由两人积极想办法解决。实在解决不了，果断离婚，光明磊落地展开下一段人生旅程。

问题 8 发现老公出轨，我崩溃了

今天老公上班时，把手机落在家里了。我当时正在洗衣服，听到手机铃声，然后发现老公的手机放在床头，我就试着去打开老公的手机，试了几次，居然成功了。打开老公手机，我抑制不住好奇心去翻他的微信记录，居然看见了最不堪的一幕：他竟然在微信里与一个女的互称“老公”“老婆”！这不是出轨是什么？我当时气得浑身颤抖，将手机扔在地上……我该如何面对这个背叛我的男人？我很害怕自己会做出什么冲动的举动，但如果我不发泄一下情绪，实在太难受。

A 咨询回复

很想给你一个拥抱，非常理解你的痛苦。伴侣出轨，是对婚姻的毁灭性破坏，也是对我们人生信念的摧毁。你现在确实需要释放一下情绪，比如，直接向老公摊牌，找亲朋好友倾诉，找专业人士咨询，自己消化（跑步、购物或换个环境待一会儿）。

我们先花三分钟，思考一下选择不同方式的结果。

直接向老公摊牌，有几种可能的结果：第一，对方不承认，反怪你偷看他的手机。第二，对方承认自己出轨。你想好应对这两种情况了吗？尤其是在对方承认出轨的情况下，你打算如何回应？离婚？你准备好了吗？

找亲朋好友倾诉，确实也能化解部分委屈。不过，万一你们夫妻俩仍然继续生活在一起，以后要如何面对这些亲朋好友呢？

对比下来，前面两种方式都有很多不好的后果。

所以，建议你在将“证据”保存好的情况下，暂时先采取后两种方式化解情绪，找专业人士咨询或自己消化。但无论丈夫是否出轨，是否决定离婚，你的婚姻所面临的危机都不是一时能解决的。你需要从身心各方面调整自己、提升自己，准备打一场艰苦的攻坚战。庆幸的是，你已经报名了我们的夫妻关系实训营，过两天就开课了，届时，我们将抽丝剥茧，共同想办法帮你解决婚姻中的难题。

问题9 再婚伴侣，不能顾及我和孩子的感受

我们是一段重组婚姻，我带着和前夫生的孩子与现任丈夫住在一起。现任丈夫人品正直，工作能力也很强，就是性格非常强硬，很多时候不能体谅我的境况。重组婚姻的磨合过程让我感到很疲惫。

比如在某个周六，老公向我说起最近工作上一件不顺心的事，嗓门很大，我提醒他小点声，因为孩子正在睡午觉，怕吵醒孩子。老公就说要出去透透气，在家里憋得慌。这一

出门，就好几个小时不回来，也不回信息。他经常如此，遇到不满意的事，就直接离家出走。即便是他自己错了，也很少主动道歉。日常发生了矛盾，经常是我先让步，想办法与他和好。我也了解他的原生家庭，他是独生子，从小被家人宠着、惯着，做事随性、任性，直到现在四十多岁了，也显得很不成熟，很不稳重。另外，他说自己在前一段婚姻中被他前妻伤得很深。我想这也是他极端性格形成的原因之一。我本想好好维系这段婚姻，并且准备与他生育一个我俩共同的孩子，但目前的境况让我很犹豫。

A 咨询回复

正如你自己分析的，现任丈夫目前这种性格，与他童年的成长环境有关，也与先天气质有关。至于前一段婚姻的影响有多大，还有待考证。目前你听到的版本，应该是从你丈夫的角度来描述的。如果有机会，可以通过第三方渠道，比如去与他的前任妻子聊一下，也许能听到另外一个版本。事实上，如果现在有条件，也建议你通过各种渠道，更全面地了解一下现任丈夫的性情、为人，这样有利于你对这段婚姻作更客观的评估。

丈夫因为一句话而离家出走，确实显得不合常理。不过，我们也可以尝试从你丈夫的角度，分析一下他的心理活动："我从小就随性惯了，在单位也是说一不二，如今在自己家里，却连大声说话的自由都没有，这实在让我太憋屈了……"

这么一分析，我们也就能解释他忽然间的情绪化了。

你提到了大声说话打扰孩子，从你的角度来讲是合情合理的。但很多男性并不如女性般更能为孩子着想，因为女性有母性的本能，更何况孩子还不是他的亲生孩子。

综合你之前的很多反馈，感觉丈夫对你还是有感情的，但是还没适应目前这种“备受拘束”、不能“随意自在”生活的状态。他的内心应该非常矛盾、纠结，所以情绪上反复无常。

你期望丈夫变得成熟、稳重、体贴，短期来看，难度有点大。如果他能那么容易调整自己，他的前妻应该不至于放弃这段婚姻。所以，你现在必须做两手准备：第一手准备就是，通过自己的不断影响使他循序渐进地改变；第二手准备就是，如果他永远不改变，就做一个任性的“大男孩”，你该如何面对？如果与他生一个孩子以后，他依然停留在“大男孩”的状态，一言不合就离家出走，你有准备好面对以后的局面吗？如果还没做好第二手准备，建议慎重做决定。

关于其他日常矛盾，如果你确定自己有错，坦诚沟通，勇敢道歉。如果你确定自己没有做错什么，或者把自己该做的都做了，就没必要再去谦卑地讨好对方了。只有真正平等的关系，才可能稳定、持久。

性格与习惯

问题10 看不惯老公的卫生习惯

老公今晚加班到9点多，回家说累、头疼，然后就直接躺在床上睡了，既不洗漱，也没有换衣服。我非常气恼，责骂他几句后，就去拉他起床洗漱，他不耐烦地推了我一把，差点把我推倒在地。我一直很讲究卫生，一年四季，每天都要洗个完整的热水澡。而老公的卫生习惯就很差，好几天才洗一次澡，有时候还像今天一样，不洗漱就去睡觉。我感觉越来越无法忍受了，请问如何能改变他这坏习惯？

A 咨询回复

从你的描述来看，夫妻两人的卫生习惯差异确实很大。习惯差异太大，生活在一起难免会不舒服。不过，还是建议你反思一下：丈夫是婚后才养成的卫生习惯，还是一开始就是这种习惯？如果他的习惯历来如此，你俩在相识、相恋过程里，是如何相处的？你是如何忍受这种习惯差异的？

如果你在明知他“卫生习惯不好”的前提下，仍然选择与他结合，相信他身上还有很多其他闪光的地方。

另外，关于是否要每天洗澡，这确实没有明文规定。我国南北气候条件差异大，不同家庭的生活水平相差也大，这就导致每个人的卫生习惯也存在一定差异。即便在物质条件已经很不错的今天，能做到每天洗澡的也还只是一部分人。

丈夫不洗漱就睡觉，这确实将卫生标准进一步拉低了，但这种情况是发生在回家晚、身体不舒服的特殊情况下，也情有可原。作为伴侣，如果能第一时间去关心对方的身体状况，体谅他的感受，他的感觉可能会更好，也不会用粗暴的举动回应你。如果你总是不分情况地强行让伴侣按自己的标准生活，出现冲突的概率会加大。

另外，在此之前，夫妻俩有没有为这个“卫生习惯问题”进行过深入的沟通？伴侣是否认可自己的卫生尺度？自己在这方面有没有可以再迁就的尺度？

总之，在不影响健康的前提下，建议两人把各自的标准都往“中间点”靠一靠，这样才能彼此适应得更好。

问题11 老公睡觉鼾声如雷，我想跟他分房睡

一直以来，我老公都有睡觉打鼾的毛病，随着年纪越来越大，鼾声越来越响，与他同床共枕真的是很难安睡。我们因此分房睡过一段时间，后来感觉交流少了，夫妻感情明显变差，又一致决定不分房睡了。然后还一起去医院看病，医生给配了一个呼吸机。老公试戴过几天，确实能有些效果，但是老公不肯主动使用。

昨天晚上，我又被他的鼾声吵醒，我本来睡眠就浅，

被吵醒了就很难再次入睡。我就推醒老公，让他戴呼吸机。老公被我推醒了也很烦，他用力把我推开，依然不肯戴呼吸机。我气得失眠了一夜，第二天头昏脑涨，情绪也很低落。我在想，是不是还是与他分房睡更好？

A 咨询回复

理解你的情绪。睡眠不足会对情绪甚至健康产生严重的影响。因此必须重视睡眠问题，尽快找到解决办法。同样，丈夫睡觉打鼾也会影响到他的健康。分房睡并不能解决所有问题，反而会带来新的问题。

如果妻子的睡眠障碍是丈夫鼾声造成的，有以下解决方式：第一种是让对方采取控制措施；第二种是自己想办法解决，比如戴耳塞，或用棉花塞住耳朵，弱化外界声音刺激。

无论是睡眠障碍，还是打鼾，这都是无法完全自控的健康问题，而不是谁在故意犯错。这些问题是夫妻双方共同面临的“敌人”，需要夫妻二人一起努力去战胜。同时，睡眠是一个比较复杂的问题。作息不规律、内分泌失调、缺少锻炼，或其他健康问题，都会影响到睡眠。建议夫妻俩全方位检视一下自己的状态，必要时可以再次一起去看医生。

对方不愿意戴呼吸机，一定有原因。建议夫妻双方推心置腹地沟通一下，不带指责情绪地把自己的苦恼表达出来，也允许对方说出自己的苦恼。如果妻子能先谅解丈夫的苦恼，再坦诚表达自己的无助感，或许对方更愿意配合。

问题12 老公说话粗鲁，还嫌我太敏感

我老公是单位的一个中层领导，脾气很暴躁，在家里与我说话，也经常像对待下属一样，简单粗暴，让我特别受不了。比如某天周末，我要出去买东西，出发前告诉他我要出门，并交代他一些事情，他就不耐烦地冲我摆手："别啰唆了，你赶紧走！"就好像很嫌弃我，恨不得我早点消失一样。我一路生闷气，买完东西回家又向他说"请注意说话语气"，他却像没事人一样，不承认对我粗暴，还说我"太敏感，爱生气"。

A 咨询回复

因为性别和性格的差异，在现实生活中，男性普遍不善表达，要么不说，要么说得简单粗暴。而女性往往感情更细腻，经常无法理解这些"直男"的言行，内心很受伤。

一个人的行为习惯确实很难改变，特别是他本人并没有真正意识到这个问题的时候。那么如何让他意识到这个问题？除了生气，我们还可以做一些尝试。比如，在同样的场景下，我们自己先使用另一种更得体的表达："老公，我知道了，你放心出门吧。"然后，再找机会拿两种表达方式作对比，与对方探讨差别。"如果我以你对我说话的方式对你，你的感受会和现在一样吗？"

当然，也许我们努力了仍收效甚微，也许老公对任何人说话都是这种方式。那么我们又该如何在这样的环境里自处呢？是继续生气，拿别人的错误惩罚自己，还是理性分析自己有没有可以改进和提高的地方？当然是后一种，如果有，坦然接受，然后去自我成长。如果没有，那就自信地一笑了之。还可以试着用“自嘲”的方式，幽默地化解这些粗鲁的回应——“你说我敏感，小心我把自己修炼得刀枪不入，对你产生免疫。”

除了夫妻关系，妻子还有没有其他社交关系或热爱的事业，并从中获得肯定和认可？如果自己的价值从多渠道被看到、被肯定，也可以增强自己内心的力量感，把让自己开心、快乐、幸福的钥匙紧握在自己手中。

问题13 老公熬夜又抽烟，身体不健康

老公本来每天下班就晚，洗漱完上床都到十一二点了，上床以后还要看手机很久。昨天我半夜起来上厕所，发现老公还在看手机。他这熬夜的习惯，已经把身体熬出很多毛病了，我之前经常为这件事与他争吵，他也不听，我感到特别无力。另外，他还有很严重的烟瘾，还有一大堆各种不健康的习惯，体检出来一堆身体毛病，我本来也不想管了，但他还想与我生二胎。看着他这个样子，我怕生出来的孩子也不健康，一直拒绝。但我自己年龄也不小了，如果真要生二胎的话，也没有太多时间可以拖了。

A 咨询回复

对于有家的人来讲，确保身体健康不仅是为了自己，也是对于整个家庭的一种责任。因为一旦个人健康出现问题，就会影响到每个家庭成员。所以，妻子的担心是可以理解的，丈夫的生活习惯也确实需要改变。

妻子可以反思一下：丈夫这种不健康的生活习惯是怎么形成的？之前有没有做过改变这些坏习惯的尝试？如果没能成功，原因是什么？

一个习惯要改正，首先是当事人本身有这个认知，发自内心愿意改，这才有希望。所以，第一步是想办法激发内驱力，用他最在意的事作为切入点，好好沟通。有关沟通的技巧在夫妻关系实训营后面的课程中会有专题讲解，到时请认真学习和实践。目前有一个建议给妻子，沟通时，尝试运用“55387定律”（即55%是沟通的态度，38%是讲话的语气，7%才是说话的内容），以提升沟通效果。

同时，任何习惯的改正都很难一蹴而就、一步到位，需要制定阶段性目标，一步一步慢慢来改。比如每晚比前一晚提前10分钟睡觉，今晚12:00睡觉，明晚就提前到11:50……只要丈夫进步一点，妻子就给予肯定和鼓励。这样循序渐进地坚持一段时间，习惯也会慢慢好转。

丈夫想生二胎，这也是一个契机。妻子可以根据自己的年龄，定下二胎时间表，并且以这个时间表来倒推各项二胎准备工作，定下若干与时间挂钩的具体目标。比如，半年之内戒烟，一个月之内实现晚上11点前睡觉，一年之内体检合格，等等。在达到这些目标之后，再启动备孕计划。告诉丈夫，如果多少年之内实现不了这些目标，鉴于年龄因素，就只能取消二胎计划。也许这样的明确安排，能给丈夫更多紧迫感，促使丈夫改正习惯。

问题14 老公太爱玩游戏，我无法忍受

我老公特别爱玩游戏，回到家后，除了帮我做点简单的家务，剩下的时间就都在玩游戏。我每天下班回来，都看见他在玩游戏；晚上睡觉前，他也在玩游戏；周末早上赖在床上，也是在玩游戏；有时候去上个厕所，还能蹲在马桶上玩一个多小时的游戏。某天周末，我本来想好好和他沟通一下玩游戏的事，他说不想和我沟通，他知道我会说什么，认为肯定没一句好听的话。我试着耐心解释："我只想知道你为什么这么爱玩游戏。"他就说："我就这么一个爱好，你能不能别那么苛刻？！"我一听他这么说，就感觉沟通不下去了，只好一个人出去。有时候我很怀疑自己的选择，之前我们之间的关系就出现过严重的裂痕，他表示愿意重修旧好，我才努力去维持这一段婚姻。但从目前的状态来看，我真是对未来没什么信心。

A 咨询回复

丈夫爱玩游戏的习惯是从小就有的，还是结婚后才养成

的？按照一般成长规律，很多上瘾的习惯是在原生家庭就形成的，要改正起来确实很难，尤其是游戏这种诱惑力极强的东西。现在我们要反思的是，在与爱人步入婚姻殿堂之前，除了爱玩游戏令你反感，他身上还有没有其他特质吸引到你？如果有，当你感觉到改变无力时，多想想他身上的其他闪光点。

婚姻，其实是一所有可能重塑行为习惯的学校。再回头想想，你们结婚后，有没有一些共同经历过的愉快时光，有没有一些有意思的家庭活动，比如运动，可以作为丈夫在游戏之外的选择。如果没有，建议从现在开始营造。

目前最大的问题是沟通，你感觉到沟通受阻，那么请回想一下这段关系的初期，他也是这样拒绝沟通吗？如果不是，那是发生了什么才变成了现在这样？要想让一个人愿意表达，首先要有耐心去倾听，并及时给予理解和肯定。适当的时候，我们用“求助”的态度去沟通，更能调动对方的价值感和责任心。

比如，可以尝试这样说：“我一看到你打游戏心里就不舒服，这是我的问题，我需要你帮帮我，我们一起想办法让这个事不要总是来影响我们的生活吧。”请求帮助，让对方感觉到被需要，而不是一本正经地让对方过来谈谈。

你俩的夫妻关系有过严重的裂痕，但是丈夫还是表达了愿意重修旧好的态度。在这种微妙的情况下，妻子轻轻拉一拉，关系可能会慢慢变好；但是如果你把他向外推一推，关系破裂的速度会加快。因此，如果还想让这段婚姻继续，注意学会调整情绪，不要冲动地说出一些伤感情的话语。

问题15 勤俭持家的全职妈妈，见不得老公花钱潇洒

我是一名全职妈妈，因为自己没上班，没有挣钱的能力，所以一直勤俭持家，衣着简朴。但我老公，因为工作和应酬的需要，花钱有点大手大脚。比如刚过去的周末，他花几百块钱给自己做了头发，又花上万块钱给自己买了换季的新衣服。回到家里，他换上新衣，还问我好不好看。说实话，老公一打扮，确实看起来潇洒又年轻，可不知为什么，我心里很不舒服。一方面，我自己花钱节省，也不喜欢别人高消费；另一方面，可能当全职妈妈太久，我内心越来越自卑，老公状态越好，我安全感就越差。总之我对自己目前的状态很不满意，也不知道如何调整。

A 咨询回复

人的一生在不同阶段会扮演不同的角色。一般来说，女性在孩子出生后的头几年，主要精力用在扮演母亲的角色上，照顾孩子、照顾家庭。

很多全职妈妈比较缺乏价值感，但照顾好孩子、照顾好家庭也是一种价值，而且是一个家庭不可或缺的重要价值。

一个家庭是需要夫妻二人合作经营的。在这个阶段，如果丈夫工作能力强就负责挣钱养家，如果妻子温和细致就负责照顾家庭。双方都是在对家庭做出贡献。从《民法典》中对夫妻

财产的定义来看，婚姻关系存续期间，丈夫的收入是夫妻共同财产，夫妻享有平等处理权。所以，妻子不用因为没有直接收入而自卑。

你现在反思到自己状态不太好，这是需要做出一些改变的信号。具体如何改变，我们给出以下建议：

（1）跟丈夫沟通一下自己的消费观。两人的原生家庭、成长环境、性格特点等的差异会导致消费观有很大不同。但为了实现家庭财务的健康，需要在消费观上达成一定的共识，这是夫妻双方的共同责任。

（2）做好家庭财务预算，分配一定的预算作为家人的“形象管理”开销。判断一笔消费是否合理，是看它在不在家庭的相关支出预算内，而不是“他有我没有”。妻子要不要这笔消费，主要看本人有没有这个需要，如果有，那就大大方方在预算范围内去消费。

（3）随着孩子年龄渐大，如果有了更多富余的精力，多建立社会联系。同时发掘自己的兴趣特长，学习各项技能，让自己增值，让自己具备随时重返职场的能力。

当然，全职妈妈本身就是一个比较全能的职业，在这个过程中也能学到很多技能，也能得到成长，关键还是看自己的心态。

问题16 老公性生活简单粗暴

某天晚上睡觉时，老公在床上跟我打打闹闹，然后忽然来了兴致，想和我发生性行为，他是一有念头就直接压上来，没有一点前戏。我本来就有点累，也不喜欢这种没有前戏的简单粗暴的性生活，就冷脸拒绝了他，他也生气了，背过身去睡觉，我也背过身去睡觉。其实我很希望他能哄哄我，而他就僵在那，好像要我哄他。我感觉很困、很累，没理他，就睡着了。第二天早上，发现他自己还把枕头放床尾睡了一夜。早上起床上班，他也是脸色冷冷的，没与我交流。我为此很苦恼，都说性是夫妻关系的黏合剂，我俩却是经常为此不开心。

A 咨询回复

要维持亲密和谐的夫妻关系，保证一定频率的、双方都满意的性生活确实很重要。如何做到双方都满意？重要的是沟通。但很多夫妻，尤其是妻子，比较羞于表达自己的真实诉求。所谓“食色，性也”，我们完全可以放下顾忌，像谈论饮食一样，坦诚地与伴侣交流自己对性生活的需求。你提到老公前戏太少，也许只是每个人理解的或喜欢的前戏不一样，比如，你老公可能把打打闹闹当作了前戏。如果你不喜欢这种方式，可以直接提出。你自己喜欢什么样的方式，也可以坦诚表达。如果两个人喜欢的方式不一致，比较现实可行的方法是：双方各让一步，或轮流满足。另外，这些沟通或者不满的表达，最好是在平时进行。在即将开始性生活的时刻，互相责备，确实会非常扫兴。

性生活的不满足、不和谐，对夫妻感情的影响很大，长此以往，甚至有可能破坏婚姻的稳定。如果你还珍惜你俩的感情和婚姻，最好积极主动地去沟通、解释，消除误会，增进理解。

子女与教育

问题17 我想生二胎，老公和婆婆不支持

我和老公结婚9年了，育有一女，今年7岁。随着二胎、三胎政策的相继放开，我想要再生一个孩子的愿望越来越强烈，但我老公一直反对，婆婆也不支持。再说说我们目前的经济情况，我们生活在二线城市，夫妻双方都在上班，婆婆帮忙照顾孩子，家庭收入算是中等，能基本维持小康水平。再养一个孩子的话，只要稍微勤俭一点，经济上也还是过得去的。但我老公坚决反对，他反对的理由：一方面是觉得工作压力大，没精力再养个孩子；另一方面，他认为未来的经济形势不太乐观，总是担心自己会失业（我们现在还有少量房贷）。此外，婆婆的不支持态度也对老公造成了影响。老公觉得养一个孩子都把老人累坏了，再养一个，怕老人会受不了。同时，他对我的能力也很没信心，他说现在家里只有

一个孩子就经常鸡飞狗跳，再养一个，他会疯掉。可是，我周围很多条件不如我们的家庭都生了二胎，我就是不甘心，为啥老公不能多点信心呢？我们已经为生二胎的事情争吵过很多回了，可是无论他们说再多反对的理由，我还是很想生，怎么办呢？

A 咨询回复

生孩子不是买东西，生了孩子不能退货。所以，做这个决定一定要慎重，尤其是需要获得丈夫的支持。因为养育一个孩子，除了消耗金钱，还需要耗费大量的精力，尤其是在关键时刻，还需要情感上的支持，毕竟现代女性在生产后患上抑郁症乃至自杀的例子屡见不鲜。

如果你个人能力特别强大，确实可以尝试“一意孤行”。但从你目前的描述来看，你的第一个孩子主要是由婆婆照顾，你的育儿经验很有限，教育经验也相对不足。你丈夫的反对，婆婆的不支持，都有一定的道理。丈夫的事业发展前景，也确实不会因为你的乐观就能有保证。

你首先要做的是通过实际行动，打消他们的疑虑。比如，你要对第一个孩子的教育，负起更多的责任，把现在这个孩子先养好、教好，让所有人觉得你有能力照顾好孩子。

其次，你还需要针对一些不太乐观的可能，提出自己的可靠的预案。假设丈夫没了收入，家庭经济怎么运转？假设婆婆不给你支持，孩子由谁来照顾？

如果你把一切都安排妥当了，相信你的丈夫也不会有反对的理由。当然，这需要努力，也需要时间。你的年龄应该已经不小，生育的窗口期所剩不多，如果你真想生二胎，别再浪费时间争论、纠结，而应该抓紧时间做出切实的努力。

问题18 我年薪百万，想生三胎，老婆不同意

我今年37岁，老婆35岁，有两个女儿，一个上小学，一个上幼儿园，还有一个住家保姆帮忙做家务。随着三胎政策的放开，我很想让老婆再生一个孩子，可是她怎么都不同意，怎么办？再说说我家的经济情况，老婆是全职妈妈，我在一所知名的互联网公司工作，税后年收入超过100万元。我们在省会城市安家，家里的住房是一套200平方米的大平层。目前没有任何贷款，还有一定的积蓄。从物质条件上来讲，我们家完全养得起三胎。另外，我的父母多少有点传统思想，也希望还能抱一个孙子。对我自己而言，能再生一个男孩自然完美，如果三胎还是女孩，我也完全能接受。但我老婆总是以年龄大、养孩子累为借口拒绝我。要说年龄，现在的技术发达，我同事的老婆将近40岁了还生了一个孩子，也没出什么问题；要说养孩子累，我们也请得起月嫂和保姆。但我老婆就是坚决不生。因为此事，我跟她争论很多回了，每次总是不欢而散。所以特意向您咨询，如何能早点说服老婆生三胎。

A 咨询回复

你想要多生一个孩子的愿望可以理解。就你的分析来看，你家确实具备生育三胎的经济基础。但多生一个孩子，除了十月怀胎的生育风险，还有未来漫长的培养和教育，需要持续不断地投入金钱和精力。因此，你可能还需要作更长远、更谨慎的评估，不能只着眼于当下。比如，未来若干年以内，你能否持续稳定地保持100万元的年收入？你自身的健康状况如何？如果出现健康问题或事业上的波动，有没有保底的经济保障？

另外，生男生女是不可预知的，万一三胎生的又是个女孩，老人抱孙子的愿望落空，对于老人的思想工作，你确定能做得通吗？对于妻子的心理压力，你确定能给予有效的疏导吗？

妻子的身体状况是生育三胎更重要的前提。如果孕育三胎导致妻子健康受损，那么影响到的不仅仅是三胎，大宝和二宝谁来照顾都是个问题。

如果排除以上问题，妻子还是反对生三胎，你还要再深入与妻子好好沟通，看看她还有哪些担忧。比如，目前两个孩子的教育是否顺利，是否让妻子感到疲惫不堪？如果是，你能否帮忙分担。当然，你的工作强度可能决定了你在育儿上的投入有限。但在有限的时间里，你对家庭的态度，对孩子的态度，妻子还是能够感受到的。

最后，也是最重要的一点，就是夫妻关系的问题。如果你们俩的夫妻感情足够好，相信妻子会因为爱你而尽力满足你的愿望；同样，如果你俩的夫妻感情足够好，你应该也会因为爱妻子而不去强迫她做决定。所以，建议暂时把生三胎的事情放在一边，先好好关爱妻子，关爱家庭，改善夫妻关系。关系好了，其他问题都会水到渠成。

问题19 老公责怪我因为工作亏待了孩子

前不久，我跳槽到了一家新单位，新单位的待遇提升了不少，与之相伴的是工作量也增加了不少。这个周末，领导又布置了一些案头任务，我需要在家加班。为了不让工作受到影响，我决定周末把孩子送到外婆家去。老公对此很有意见，他觉得我这样做就是不负责任。我对他说我有工作要忙，他却透露出一种很不屑的感觉，好像只有他的工作才是工作，我的工作就不是工作。

前些年，我的工作确实比较轻松，也有更多精力照顾孩子和家庭，老公要么在忙工作，要么在忙应酬，已经习惯了把家庭事务都甩给我。即便现在我的工作更忙了，他还是认为我在周末就应该照顾家庭、照顾孩子。有时候我也有些自我怀疑，两人都忙工作，是不是就亏待了孩子。

A 咨询回复

在婚姻中，“男主外、女主内”是有着几千年历史的传统观念。随着工业革命的到来，女性就业机会的逐步增多，直到近一百年，才有女性敢于凭实力挑战这一传统观念。

目前看来，在你们的家庭中，孩子爸爸默认的仍然是这套传统理念，把照顾家庭、照顾孩子当成了你的首要任务，所以你的工作才不被重视。

为了对抗这些传统成见，一方面，需要加强沟通，进行正式的沟通（即夫妻会谈）；另一方面，还需要提升自己的职场实力。举个例子，当你的工作和收入对家庭的影响达到了一个举足轻重的位置，他就不会轻视你的工作。

此外，我们自己如何看待“事业”与“孩子”的位置，这一点也至关重要。如果我们自己把孩子看得重于一切，潜意识里默认了自己“相夫教子”的角色，伴侣也能感受得到，他的所有行为都是顺势而为。反之，如果我们自己把孩子只看作生活的一部分，那就坦然地接受这几天的清净，认真投入工作，不必对丈夫的言辞感到敏感。

最后，调动伴侣对家庭生活的参与热情，让他更积极主动地分担，也是努力的方向。通常，男性确实更难在家庭事务中找到成就感，这就需要我们更多的放权和鼓励：“孩子还挺喜欢爸爸陪伴呢，上次你陪他玩，他就很开心。”以及向他示弱和求助：“我最近能量不够了，需要老公给我支持……”

问题20 老公放纵孩子使用电子产品

某天周末，我要出门办事，让老公在家看孩子。走的时候，6岁的女儿正在用iPad看动画片，我们约定好周末每天可以看半小时。我出门时，叮嘱老公看好时间，时间一到就让孩子关掉iPad。等我下午办完事回来，发现孩子还在看iPad，而老公在房间呼呼大睡。我计算了一下，孩子已经看了两个多小时的iPad！我既担心孩子的视力，又痛恨老公的不负责任。以前也一直这样，老公对孩子的管教非常宽松，认为孩子快乐健康就好，这也导致爸爸在孩子面前没什么威信，他说的话孩子都不听。最后，孩子的教育问题都落到我头上，我既要忙工作，又要忙家务，稍一松手，就出现今天这种情况。另外，他也反对我给孩子报兴趣班，反对我给孩子布置额外的练习题，他说这些劳累都是我自找的，但我觉得他所谓的佛系，就是不负责任。

A 咨询回复

育儿分歧是很多家庭都存在的一个问题，而妈妈“严”、爸爸“松”也是较为普遍的现象。过度宽松和过度严厉都对孩子的成长不利。所以，建议有条件的话，夫妻俩通过学习和实践，探讨出一个统一的育儿法则，比如对孩子采取“温和而坚定”的正面管教。

从你的描述来看，爸爸在日常教育中就缺乏威信，而6岁的孩子也没有足够的自控力，这才导致了爸爸放纵孩子玩iPad。那么在这样的情况下，妈妈可以控制的是什么？妈妈可以控制的有很多。比如，只有妈妈在场时，才允许孩子使用iPad；妈妈在出门前把iPad收起来，不让孩子拿到；妈妈出门前帮孩子和爸爸设好闹钟……开动脑筋想一想，办法总比困难多。

另外，看得出来，爸爸和妈妈的性格差异很大，要彻底改变很难。不过我们可以在了解彼此性格和优缺点的基础上，分工合作，扬长避短。比如将孩子的陪玩时光交给爸爸，把学业督导交给妈妈。同时，夫妻双方可以提前约定几条底线，比如，把孩子的身心健康放在第一位，夫妻俩产生育儿分歧时不要当着孩子的面争吵，等等。

问题21 老公不同意给孩子的兴趣班续费

儿子的书法课学时快用完了，马上面临续费的问题。我给老公打电话说："课程马上要涨价，咱们要不要囤课？我想让孩子把这个爱好坚持下去，所以还要学好几年。"老公坚决反对续费，说上完现有课时就算了。还说孩子已经开学了，不要把每个周末都安排得满满的，都没时间带孩子出去玩了。我们彼此都无法说服对方，我就生气地挂掉了电话。自从有了孩子，我们夫妻之间的矛盾和冲突越来越多了。主要是我们在孩子的教育问题上存在很大的分歧。我坚持孩子需要努力奋斗才能得到好的前程，而他认为孩子应该有玩乐的时间。我不知道如何消除这些分歧，因此特来咨询您。

A 咨询回复

育儿分歧是夫妻之间非常普遍的问题。当下，大部分家庭都是妈妈对孩子的成长投入得更多，妈妈们更有责任感，也更容易焦虑。

关于是否续费兴趣班，妻子并没有擅自做决定，而是通过电话和丈夫进行沟通，这是值得肯定的。只不过沟通之前，有必要做好心理建设，不要觉得“我的想法就一定是对的，他如果不支持我，他就是错的”。

从通话内容来看，爸爸也是很爱孩子的，他希望孩子在周末能放松地玩一玩，也不算什么过错。玩跟学习也并非绝对对立，劳逸结合才能保证较高的学习热情和学习效率。

如果感觉到夫妻之间教育分歧过多，双方有必要坐下来认真地进行一些探讨。那么什么样的探讨方式才是有效的呢？是抱怨指责，还是就事论事，提出各自的想法？如何才能达成一致？是各持己见，只想赢了对方，还是参考双方的意见？达成一个双方都可以接受的折中方案？

无论妈妈多么优秀，多么负责，爸爸妈妈共同参与孩子的成长过程，才是最好的教育。所以，妈妈要珍惜爸爸对于孩子成长的建议和行动。比如，当爸爸提出周末想带孩子出去运动时，妈妈尽量给予鼓励。从长远来看，这种父子共处的快乐时光，比花钱送孩子上兴趣班更有利于孩子的成长。

问题22 老公让孩子脱光衣服睡觉

某天晚上，老公哄孩子睡觉，等他哄睡后，我发现两岁的儿子光着屁股，只盖了夏凉被。我担心孩子感冒（前不久就因为睡觉吹空调而感冒），老公却说“没事”。夜里12点，我去看孩子，发现孩子果然踢了被子。我就捣醒老公，老公就说“要不还是你自己带着睡”。我觉得难得老公哄孩子睡觉，怕这回我抱走了孩子，以后老公更不愿意哄孩子睡觉了，那样我会更累。

之前我们就一直为孩子穿睡袋睡还是光屁股睡吵架，老公也知道孩子会踢被子，但他还是不愿意让孩子穿睡袋睡觉。他觉得孩子会热，会不舒服，他自己也比较怕热，晚上睡觉也穿得少、盖得少。我俩一直互相说服不了彼此。

A 咨询回复

丈夫愿意分担陪孩子睡觉的任务是值得肯定的。妻子的觉察也很关键——如果不放权，丈夫以后不愿意再承担此责任的概率比较大。那么，如何让丈夫感受到自己的价值，愿意一直承担下去呢，是肯定、鼓励还是指责？

妻子注意到这是生活习惯的问题，本身没有对错。但是如果某些习惯会带来一些不好的后果，比如感冒，那就需要和丈夫沟通、讨论：如何避免这个后果？谁来承担这个后果？

建议找一个夫妻两人都平静的时刻，就事论事地沟通一次。先肯定付出，再提出目前存在的问题，一起头脑风暴，想解决方案，最后达成一个大家都可以接受的折中方案，比如等孩子入睡后把空调温度调高一点。

夫妻关系实训营后续课程中还有很多关于沟通的技巧，

报了名的朋友们，到时请认真学习，积极实践，期待你们的变化。

问题23 我跟老公说话，孩子总来打岔

某天中午，老公说要跟我谈点事，我也很配合地去挨着他坐，听他说话。刚没说几句，4岁的女儿跑过来打岔，让我看她拼积木，我就去陪女儿。这时候老公就生气了，他说：“有了孩子以后，我跟你一点单独相处的时间和空间都没有。孩子已经这么大了，明明可以自己玩一会儿了，一看见咱俩说话就跑过来缠着你，孩子一来你就去关注孩子了，我说的话你听见了几句？你还老抱怨我们夫妻之间交流少，这明明就是你自己的问题，你心里只有孩子，关注过我的感受吗？”

我承认我确实过于关注孩子，对老公有些忽略了。但我也是没有办法，面对老公的指责，我感到很委屈。

A 咨询回复

有了孩子以后，妻子的很多时间会被孩子占用，尤其是在孩子年幼时。虽然妻子的辛苦可以理解，但这种情况确实给夫妻关系造成了困扰。这个问题在很多家庭都普遍存在，值得庆幸的是，宝爸坦诚地表达了自己的苦恼，以及渴望得到妻子的关注。而在另外一些家庭，受冷落的丈夫可能会从其他途径寻

找感情寄托。

随着孩子年龄增长，妻子应将精力慢慢从孩子身上撤离，投入一部分给丈夫和自己，这是有必要的，这种“撤离”也是给孩子独立成长的机会。

具体而言，可以把孩子满3岁作为一个界限。3岁以上的孩子，具备了一定的独立能力，基本可以与他人进行正常的交流。家长可以逐渐放手，甚至可以通过召开家庭会议，约定一个特殊时光，如让“夫妻特殊时光”与孩子的“独立玩耍时光”同时进行。

可以用游戏的方式告诉孩子：“现在是属于你的独立自由时光，你自己玩耍，我和爸爸都不打扰你，你就是自己独立王国的小国王。我们来定个闹钟，看你能不能独立20分钟。”利用这个时间，夫妻俩可以好好聊聊天，享受难得的二人世界。你还可以学习一下家长课堂的工具课“破解密码”——“错误行为目的表”的第一种情况“寻求关注”，里面还有更多应对策略。

另外，妈妈在孩子面前，多表达类似“爸爸就像你一样，也是我最爱的人，我也需要陪伴他……”这种观点，让孩子慢慢接受“妈妈不是自己独享”的事实。

面对丈夫的诉求，除了表达理解，还可以向他寻求帮助：“孩子总是缠着我，我也很累。你平时能多陪陪孩子吗？这样能减少孩子对我的依赖。”

琐事及其他

问题24 我想在周末出去放松一下，宝爸不支持、不配合

前段时间，老公周末一直在加班，我也一直在家里带孩子。这周得知老公不必加班，我想着终于可以去健身房上一节瑜伽课了。于是，到了周六早上，我就收拾东西，打算出门。结果，我看见老公也准备出门，我问他要做什么，他说：“虽然没被要求加班，我还是打算去公司看一下。”我就气不打一处来，我说：“不加班，去公司干什么？不能好好在家陪孩子一天吗？不能让我放松一下吗？”老公说：“你要去就去，奶奶不是在家吗？！”他说得倒是轻巧，我要真出门，奶奶一个人在家看孩子，心里还不知道对我有多大的意见（婆媳关系本来就不好）。自从有了孩子，家里又多了一个老人，我都没有一点个人空间，连在周末想出去透口气的机会都没有，真令人窒息！

A 咨询回复

宝妈给自己一些时间放松和锻炼，这对身心健康非常有利，也对维系家庭的和谐运转起到间接作用。如果其他家人能

够充分理解宝妈的内心诉求，也是有可能被接受的。

问题的关键在于：宝妈在做这个决定之前（毕竟是影响全家人周末安排的决定），有没有提前与家人做好沟通，坦诚表达自己的需要（自己真的很累，需要上瑜伽课调节一下身心）。如果提前沟通时，宝爸提出了其他安排，也可以提前商量一下折中办法（宝妈换个时间做瑜伽或宝爸换个时间出门，等等）。

如果宝妈没提前做沟通，而预想所有人都会支持自己、理解自己的需求，这就特别容易导致期望落空、情绪失落。因为每个人站在自己的立场，都会有一套符合自己逻辑的行为方式，这很正常。所以宝爸或奶奶和宝妈的想法不一样，也不意外。

解决此类问题的关键在于，尽可能提前沟通、降低预期。沟通切忌带着情绪，用指责的方式开场。关于婆媳关系的问题，宝妈需要多花时间思考：究竟是夫妻关系问题导致了婆媳关系的问题，还是婆媳关系问题影响了夫妻关系？如果是后者，建议减少对婆婆的依赖，这样也有利于老公的成长。

问题25 老公对我的父母缺少尊重

我们结婚以后，与父母住在同一个小区。娘家父母对我们的照顾非常多，伺候我坐月子，还帮我们照顾孩子。结婚这么多年，我们下班以后基本都是去我父母家吃饭，自己家里都没有开过灶。我老公在我父母家，什么事都不用做，连碗都没有洗过一个。因为经常在一起，有时候难免有些小摩擦，比如有时候我老公照顾孩子的方式不恰当，我妈就会说他几句。还有一些其他磕磕碰碰的小事，我老公都会记恨在心。从心底里，他就对我妈很不友好，很不尊敬。某天晚饭后，儿子和我闹脾气，闹得厉害时在地上打滚，老公就冷嘲热讽地说："瞧你妈教的好孩子。"总之，孩子有什么不好的习惯，他都往我父母身上推卸责任。全然忘了我父母对我们一家的付出，真是太不懂感恩了。还有，我们夫妻结婚七八年，感觉两人都特别"独立"，经常是各忙各的，各想各的，总之就是觉得关系特别松散，不像别的夫妻那么亲密。

A 咨询回复

正如婆媳之间容易发生矛盾一样，男性和岳父岳母长期共处，也不可避免地容易产生矛盾。你描述的这些情况在三代人共处的家庭里非常普遍。

尤其是你描述的家里长期不开灶的状态，这使得小家庭少了很多人间烟火气。事实上，你们的小家还没完全独立成形，只是原生家庭的一个寄生品。夫妻关系过于松散，也和你与原生家庭缺少界限有关。如果一个人和原生家庭父母的关系始终是第一位的，那么夫妻关系肯定是疏离的。

如果要解决婚姻里的其他问题，这个过度依赖原生家庭的问题要优先解决。先从改变自己做起吧，从减少回娘家的次数开始，从亲自为家人做一顿饭开始……

在任何一段关系中，一方过度的付出不会换来感激，只会使关系失衡，这是你父母的教训。现在你自己作为母亲，也可以借此警示一下自己：如果自己在抚养孩子的时候，无条件地付出，直到孩子成年也不退出孩子的生活，你最终收获的并不是感激，而是复杂的情绪。一个人如果长时间不能学会独立，在不得已依赖父母的同时，也会丧失自身的价值感。

问题26 老公不回家吃晚饭

某天周末，老公约了朋友出去打球，让我给他煲汤，他晚上回家喝。既然老公专门嘱托了，我就很用心地早早给他煲好了汤，还炒了不少他爱吃的菜。到了晚上，我打电话问他几点回来吃饭，他却说不回来吃晚饭了，有朋友要请客。我非常失落，感觉他很不尊重我的劳动。

A 咨询回复

丈夫出门前嘱咐好要在家吃饭，妻子也尽心做了，丈夫却又失约不回来。确实让人失落，特别能够理解你的心情。

生活中常有此类由“意外”导致失望的情况发生，应对方式主要就是提前约定是否在家吃晚饭，临时改了计划，也要提前通知。建议夫妻双方专门针对“提前约定”这件事做一个约定。

妻子有了失望情绪，也可以坦诚向丈夫表达（最好等自己冷静之后）。表达时只强调自己的感受，而不评判、指责对方，比如，“我非常希望你能回家吃晚饭”“有时候我专门为你准备好了晚饭，你没回来，我感觉很失落”。

在合适的时机，也有必要让丈夫学会承担部分家务琐事，体会一下柴米油盐的滋味，这样有助于对方更好地理解妻子的感受。但要注意，最好采用比较温和的方式，比如示弱求助：“亲爱的，我今天实在太忙太累，胳膊酸痛，你能给我做点吃的吗？”“我已经煲过很多次汤了，今天很想尝一尝你煲的汤的味道呢。”

问题27 老婆乱花钱，买一堆没用的东西

今天吃晚饭时，老婆接到快递电话，说一个大件的快递到了，老婆还让我下楼帮忙去拿。我问买了什么，她说买了一个大洗澡盆。家里有洗浴间，也有浴缸，她竟然又买了一个大洗澡盆！我特别生气，又想起来她之前买的一堆东西，烤箱、消毒柜、空气炸锅、除螨仪、电饼铛……大部分都堆在家里，也没用过几回。我就对老婆说：“你瞎买些什么，赶紧给我退了！”老婆坚决不退，反倒说我不关心家人的生活，还说她在消费方面已经很节制了。说她的闺蜜们花钱都比她厉害得多，但她们的老公就没我这么小心眼。我也懒得跟她吵，然后就自己出去透气去了。我们经常因为消费问题而吵架，感觉再这样下去，夫妻关系只会越来越差。

Ⓐ 咨询回复

夫妻双方消费观念的不同，在很多家庭都很普遍。你在刚接触妻子时，了解她的原生家庭和消费习惯吗？你当时是怎么接纳她的呢？

如果妻子的消费习惯是在原生家庭就形成的，要改变确实比较难。但是人无完人，你之所以选择她作为你的妻子，相信她身上还有很多优点吸引到你。

当然，进入婚姻之后，考虑到家庭未来的长远发展，确实需要建立一个健康的财务制度，也有必要对家庭消费作一些规定。建议夫妻俩一起认真开个小会，探讨家庭财务目标及财务制度。比如，对教育、医疗、养老等重要目标进行合理规划，建立专属账户，或者将家庭公共账户和个人消费区分开。凡是需要动用家庭公共账户的消费，必须经夫妻二人共同认可。如果在一方不认可的前提下，另外一方坚持要消费，就只能由个人账户承担。如果妻子本来就是用自己的个人账户去购买她喜欢的用品，就纯当她的个人爱好，只要没有妨碍到别人即可，丈夫无须干涉。

但是，当个人爱好妨碍到家人，比如物品乱堆放，影响家庭环境，确实就需要妥善解决问题了。但指责、逃避都不能解决问题。只有有效沟通，才能拿到解决问题的钥匙。有效沟通的前提是尊重、坦诚，就事论事，不情绪化。建议你俩选择一个夫妻俩情绪都不错的时间对此事展开沟通。至于如何提升沟通能力，也可以参考咱们夫妻关系实训营的课程。

问题28 老公不注重生活品质，东西坏了也不修

我老公是个很随意的人，除了在乎吃，对生活其他方面都没什么要求，觉得差不多就行了。以前谈恋爱时，感觉和他相处很轻松。但现在结婚生活在一起了，烦恼也不少，因为我是对生活品质有一定追求的人。比如家里洗浴用的莲蓬头出水量很少，很不好用，我让他去修，他觉得勉强能用就行了。还有家里卫生间的门，可能是时间久了，有点变形，开门、关门要使很大劲儿，他也觉得无所谓。某天周末，我想让孩子多睡一会儿，但老公起得早，进进出出，开门、关门的声音很大，差点把孩子吵醒了。我忍不住骂他几句，他也就淡淡地"嗯"一声，从来不去解决问题。我觉得他这种性格与他原生家庭有关，他父母也是这样的人，对家居环境要求很低，东西坏了既不修，也不换，对什么都觉得差不多就行。我估计指望不上他能改变了，干脆自己出钱请人修理。可是心里还是很郁闷。

A 咨询回复

你老公是个很随意的人，这种人往往对外界要求不那么高，会更好相处，这也是当初吸引你的优点之一。男女之间，往往因为气质与性格的差异而彼此吸引，但走进婚姻之后，这些差异也会引发矛盾。如果不能理性对待，积极解决问题，矛

盾会越来越多。

另外，丈夫面对妻子的责骂，没有以牙还牙，更说明他个性随和。这也是优点。

既然丈夫对生活环境要求不高，而妻子又是一个注重生活品质的人，那么妻子完全可以自己负起责任，做好决定。相信以丈夫随和的性格，他也不会坚决反对。

比如这个门的问题，既然已经困扰你很久了，你也明白丈夫的态度，那如何尽快解决这个问题，让自己开心起来呢？是等待丈夫改变性格，还是自己主动行动起来去解决它？

你提到自己拿钱请人修门的想法，这是可取的。只是注意不要赌气去做，而是做了决定就告诉丈夫，然后平静提出在这件事里需要他配合的事，比如一些体力活、配合工人安装等。

问题29 老公不洗碗，触发了我的委屈感

某天早上，我起床给孩子做早饭，发现昨晚的碗筷还没洗，堆在水槽里。我十分烦躁，狠狠骂了老公一顿："连碗都不洗，就知道看手机！"

早上时间本来就很紧，我又要洗碗，又和老公吵了几句，结果早饭吃得很晚，差点耽误孩子上学。接下来，我一天的心情都很糟糕。想起在这个家里，有了孩子以后，家务活特别多，而老公一直对做家务不上心，不会把脏衣服扔进洗衣机，洗完的衣服也不晾，孩子把地上弄脏了也不擦一

下。让他洗碗，他也经常掉链子。感觉所有的家务都是我的事，他只要上班就可以了。

A 咨询回复

理解你的委屈。女人进入婚姻之后，尤其是有了孩子，在家务琐事上的付出一般都比男人多。你此次提到的老公忘记洗碗的问题，是经常发生，还是偶尔发生？如果老公只是偶尔一次忘了洗碗，可能不算大事。你因为洗碗的问题产生如此强烈的负面情绪，还有很多其他因素，正如你自己表达的，直接原因是感觉延误了做早饭（时间管理的问题），根源问题是自己在家务上长期付出太多，心理失衡。因此，“忘记洗碗”就成了你早上情绪爆发的导火索。

先分析一下根源问题。自己付出感太强的根源是什么？究竟是因为家务琐事太多，还是因为感觉自己付出太多？如果是“感觉”上的问题，则需要认识到，很多时候主观感觉不一定是客观的，每个人的感觉都存在差异。这需要以客观的态度先审视一下夫妻双方对这个家庭的具体付出，然后再以平和的心态与对方交换一下感受。如果沟通到位，双方情感回暖，你可以不失时机地提一下家务分工问题。比如，就把“当天洗碗”作为老公的必做任务，写出来，并贴在显眼的位置。如果老公偶尔忘记当天洗碗，还可以给他一个小惩罚，比如让他给家人做一顿饭。

问题30 婆婆不懂科学育儿，老公也不帮忙纠正

某天中午，我利用工作的间隙给老公打电话，告诉他婆婆每天给孩子吃几个鸡蛋黄，这样可能导致孩子胆固醇高，希望他下班回家时说一下婆婆，让她以后每天只给孩子吃一个鸡蛋。老公在电话里发脾气，说我大惊小怪，吹毛求疵。我感到非常愤怒，觉得他不尊重我，不懂科学常识，就在电话里与他争吵。老公说最近工作压力本来就大，我还在这儿没事找事，给他添堵。我觉得再吵下去没意义了，就挂断了电话，内心愤怒得想立刻离婚。

A 咨询回复

随着孩子和老人的到来，原来两个人的婚姻要面临几代人的磨合，这对所有人都是考验。

你反映的吃鸡蛋事件，需要弄清楚几个问题：

（1）有非常明确的科学依据证明孩子一天绝对不能吃几个鸡蛋黄吗？（还要弄清“经常多吃”和“偶尔多吃”的不同之处。）

（2）如果确实对健康有影响，有多严重的影响？是严重到必须当时解决吗？

（3）你内心焦虑的究竟是孩子的健康，还是在育儿方面的控制权？

两代人的育儿观点确实容易出现分歧，但孰对孰错并不绝对。老人的很多经验也有可取之处。只要不触及原则、底线，尽可能求同存异，别把矛盾扩大。究竟哪些是原则、底线，建议你等孩子爸爸、奶奶都有空的时候，一家人心平气和地商量一下，因为上班时间确实不利于沟通家事。只要你能拿出充分的科学论据，相信大家在“爱孩子”的出发点一致的情况下，也是能够相互理解的。

同时，老人协助育儿，也在为小家庭作出贡献和牺牲，这一点首先值得感恩。如果能抱着感恩之心与老人相处，对育儿问题别过度焦虑（很多网络文章专门贩卖焦虑），一家人都会轻松很多。

家和万事兴，一个温暖和谐的家庭环境，对孩子的健康更有利。

问题31 再婚的丈夫太关注他与前妻的孩子

我之前经历过一段失败的婚姻，后来带着7岁的女儿嫁给了现任丈夫。现任丈夫也是离异，与前妻有一个9岁的儿子，由前妻抚养。我们现在已经结婚半年了，我还从来没见过他与前妻的儿子（听说孩子有些排斥爸爸再婚）。老公也从来没把他儿子带到家里来过，只是自己经常单独出门去看儿子。某个周末，我们原本计划好一家三口去公园玩，老公却临时变卦，说他儿子打电话过来了，想见爸爸。老公一听到儿子的召唤，就忘了之前答应我们的事，即刻就要出门去前妻家看儿子。我心里非常窝火，和他大吵了一顿，他说看他亲儿子是天经地义的，然后生气地摔门出去。晚上他回来，我也没和他说话，冷战至今。

A 咨询回复

对于离异然后又带着孩子重组家庭的人来说，确实面临着更复杂的关系。尤其是这一段婚姻才重组不久，夫妻双方都需要花很多时间去磨合、适应，这非常考验你的智慧。

值得庆幸的是，丈夫愿意接纳你和你的女儿，共同生活在一起。而他必定也会因为不能给自己亲生儿子日常的陪伴而心生愧疚，努力想做一些补偿。想想丈夫是如何接纳自己和前夫的女儿的，那么妻子也可以尝试去关心、爱护、接纳丈夫与前妻的儿子。

既要陪现任妻子，又要陪与前任生的孩子，相信你的丈夫也经常感到左右为难。与其逼他作出选择，不如与他一起出谋划策，一起商议如何解决时间分配的问题。让丈夫感觉到妻子理解自己，和自己是站在同一条战线的战友，慢慢增强在这段婚姻里的安全感。

关于如何面对冷战，我们的一切行动以自己的感觉为出发点。如果你感觉这段婚姻值得维系，就尽量不要冷战太久，因为如果正面硬刚，很容易会让本来基础就不牢固的婚姻再次破裂；如果你自己感觉不舒服了，就主动去尝试改变。比如，现在就可以主动沟通，或释放一些善意来缓和气氛。

要经营一个重组家庭确实困难重重，但既然已经开始了，我们还是尽力而为。

问题32 与老公召开家庭会议，老公消极应付

我经常因为家务分工的问题与老公发生争吵，所以，今天我打算认真和老公召开一个家庭会议来彻底解决这个问题。老公也同意参加会议。晚饭后，家庭会议按时召开。在会议中，我指出：他一回家就躺着玩手机，家务做得太少，最近这一个月都没拖过一次地。关于爱玩手机的问题，我希望讨论出改进方式和惩罚措施。

对于我的提议，老公完全不当回事，要么嬉皮笑脸，要么耍赖不承认。我很强硬地对他说："今天必须要对你爱玩手机的习惯制订惩罚措施！"老公干脆离开桌子，不和我谈了，剩下我一个人独自生闷气。

A 咨询回复

能想到用召开家庭会议的方式解决夫妻关系问题，非常值得肯定。但什么是家庭会议，家庭会议应该怎样召开，这些是需要提前学习和准备的。

首先，家庭会议不是"批斗大会"。如果召开家庭会议是为了互相批评、指责，没人会喜欢参加这样的会议。而且这种会议也无法解决问题，只会让矛盾升级。

其次，家庭会议是一个互相鼓励、传递爱和尊重、专注于解决问题的会议，需要一些固定的仪式，比如开会之前互相致谢，同时还需要注意一些禁忌，如不批评、不指责、不搞一言堂等，坚持开放民主，保持温和且尊重的态度。我们的家长课堂有专门的课程介绍家庭会议，有机会的话可以进一步学习。当前，你可以先试着发现伴侣的优点，学会用肯定与鼓励的方式与伴侣沟通。

在面对生活中的类似问题时，我们要坚持一个原则——“先改善关系，再解决问题”。关于“拖地”的问题，看起来是个简单的家务问题，其实背后还隐藏着很多其他的因素。如果一时解决不了，建议先降低期望，暂时搁置。先建议伴侣帮忙做一些他乐意和擅长做的其他家务，记得用诚恳的寻求帮助的语气；或者先鼓励对方做得棒，如“你拖地比我拖得干净呢”，提升对方的价值感和进取心。

关于玩手机，这是很多现代人的一种生活方式。妻子需要在接受现实的基础上，对爱人制订一个有限满足的规则，比如在某些情况下可以玩手机，但在某些特定的情况下不要玩手机。请记住，一定要用理解和尊重的语气。对于很多夫妻来说，这有些难。但从现在开始，请试着刻意作出改变，先从“一句话”开始，然后慢慢训练，直到成为习惯。

参 考 文 献

［1］戈特曼，西尔弗．幸福的婚姻［M］．刘小敏，译．杭州：浙江人民出版社，2014.

［2］米勒，珀尔曼．亲密关系［M］．王伟平，译．北京：人民邮电出版社，2011.

［3］中国就业培训技术指导中心，中国心理卫生协会．心理咨询师［M］．北京：中国劳动社会保障出版社，2017.

［4］沈奕斐．谁在你家：中国“个体家庭”的选择［M］．上海：上海三联书店，2019.

［5］鲁迅．伤逝［M］．北京：中国工人出版社，2018.

［6］马尔克斯．霍乱时期的爱情［M］．杨玲，译．海口：南海出版公司，2020.

［7］曹雪芹．红楼梦［M］．北京：人民文学出版社，2013.

［8］华川．温和而坚定地养儿育女——二胎妈妈正面管教践行记［M］．武汉：武汉大学出版社，2018.

［9］TANUA LEWIST. How men's brains are wired differently than women's [J/OL]. (2013-12-02). http://www. scientificamerican. com/article/how-mens-brains-are-wired-differently-than-women/.

［10］孟．亲密关系：通往灵魂的桥梁（全新修订版）［M］．余蕙玲，张德芬，译．上海：上海文化出版社，2012.

后 记

华川于我，几十年前是同窗和好友，然后是老师，现在则是“战友”——我在她的带领下，找到了谋生技能以外的兴趣和特长，并一路跟随她。

我们在学业结束几年后，先后自修了心理学、教育学等课程，工作、生活之余研读了不少著作，互相交流学习心得，这些学习对我们的生活和工作都起到了相当大的促进作用。在孩子成长和教育过程中，华川跟随简·尼尔森博士学习，并成为美国正面管教协会认证的家长讲师，随后在国内开创了正面管教家庭课堂。而我，在儿子即将进入青春期的时候，“为时不晚”地成为华川的学生，并因为学习成绩优秀、实践效果良好而被聘为她团队的一员。我也因此跟随她见证了许多家庭关系的改善，以及许多父母和孩子的成长。这些孩子和家庭的命运可能也因此而改变，包括我的儿子和我的家庭。

所以，我常为与华川的“联结”而感到自豪和幸运。随着亲子教育问题的顺利解决，我们一起探讨的课题，也从亲子关系、家庭教育，一步步走向了夫妻关系、终身成长等更深入、更广博的领域。

2019年，在众多家庭课堂学员的呼吁下，我和华川团队一起开发的夫妻关系课程正式上线了。与其说这是华川团队的新机遇，不如说是一次新挑战。与亲子关系不同，夫妻之间并没有血缘关系作为纽带。因此人们常说，至亲至疏是夫妻。持久幸福的婚姻已成为当今社会真正的奢侈品。亲密关系随时可能变得不亲密，各种原因导致的情绪失控，猜疑、背叛，冷战、家暴，甚至自杀、自暴等在不少家庭上演着。今天的夫妻可能转瞬成为冷漠的前任乃至仇敌。

而我们努力的目标，是努力厘清与婚姻有关的千头万绪，想方设法教大家认识到维系一段稳定而幸福的婚姻需要从哪些方面去努力——认识差异、改善心态、学会沟通，乃至有效解决生儿育女、家务琐事、婆媳关系等所有与婚姻相关的问题。而贯穿始终的指导思想，是婚姻中的每一个个体的自我成长、成熟和完善。

从这几年辅导过的案例来看，那些在自我认知方面获得提升、内在能量不断增强的婚姻中人，其获得的来自另一半或社会的认可度也会随之提升，夫妻关系改善的希望也更大。即便因为各种原因，婚姻最终走向了解体，个体也能走出低迷、颓废，能自尊自爱、自强自立，迎来新的生活。这恰恰印证了被广为传颂的八个字——你若盛开，清风自来。

不断地学习和成长，是通往幸福的必经之路。我们愿这本书成为您的枕边书，期待、祝愿您与伴侣共同抵抗漫漫人生路上的风风雨雨，拥有持久幸福的婚姻。

最后，与大家分享初唐名臣虞世南的一句诗，这是我认为最能准确评价华川及她事业的句子。我也把它写在我的笔筒上，刻在我的心里：“居高声自远，非是藉秋风。”

子 黎

2022年3月